Heftige halbseitige Kopfschmerzen, Licht- und Geruchsempfindlichkeit bis hin zur Übelkeit – wer an Migräne leidet, hat meist nur einen Wunsch: Schmerz, laß nach! Was man gegen die Beschwerden tun kann, zeigt Renate Scholz in diesem Ratgeber. Sie beschreibt, wie man Migräne von anderen Kopfschmerzen unterscheiden kann und wie die Medizin heute den Migräneanfall erklärt, zum Beispiel als natürliche Selbstregulation des Körpers, die die häufig überaktiven Migräniker zur Ruhe zwingt. Wer die Auslöser für seine ganz persönliche Migräne kennt, kann diesem »Gewitter im Gehirn« vorbeugen. »Es gibt nicht die *eine*, einzige Erklärung des Phänomens Migräne«, sagt die Autorin, denn Umweltreize und Streß können ebenso Kopfschmerzen verursachen wie bestimmte Nahrungsmittel oder Medikamente. Renate Scholz stellt die neuesten medizinischen Therapien vor und erklärt Wirkungsweise und Nebenwirkungen von Migränemedikamenten. Sie geht aber auch auf natürliche Behandlungsweisen ein wie Akupunktur, Homöopathie oder Chirotherapie und gibt viele Tips zur Selbsthilfe mit Entspannungsübungen, Wasseranwendungen, Akupressur und geeigneten Kräutertees.

Renate Scholz, geb. 1943, spezialisierte sich nach ihrer Ausbildung als Tageszeitungsredakteurin auf die medizinische Berichterstattung und arbeitete für medizinische Fachverlage. Heute ist sie freiberuflich tätig, schreibt für Publikumszeitschriften und veröffentlichte mehrere Bücher zu Gesundheitsthemen.

Renate Scholz:
Migräne

Gewitter im Gehirn

Deutscher
Taschenbuch
Verlag

dtv

Wichtiger Hinweis:

Die diesem Buch zugrundeliegenden medizinischen Forschungsergebnisse und die ärztlichen Empfehlungen entsprechen dem Stand der Wissenschaft bei Fertigstellung des Buches. Da sich die medizinische Forschung jedoch ständig weiterentwickelt, können zukünftige neue Erkenntnisse der Forschung nicht ausgeschlossen werden. Die hier genannten medizinischen Ratschläge sollen kein Ersatz für ärztliche Betreuung sein. Die richtige Diagnose und Therapie müssen immer Sache des Arztes bleiben.

Vollständig überarbeitete Ausgabe
November 1996
Deutscher Taschenbuch Verlag GmbH & Co. KG, München

ISBN 3-88897-068-7
Umschlaggestaltung: Klaus Meyer, Jan Riemer
Umschlagfoto: © Bavaria Bildagentur
Satz: Design-Typo-Print GmbH, Ismaning
Gesetzt aus der Times New Roman 10,8/13˙ (Quark XPress 3.31 Mac)
Druck und Bindung: Beck'sche Buchdruckerei, Nördlingen
Gedruckt auf säurefreiem, chlorfrei gebleichtem Papier
Printed in Germany · ISBN 3-423-36540-4

Inhalt

Vorwort der Autorin

Schmerz, laß nach! Das ist meist das einzige, was Migränegeplagte interessiert und was sie im akuten Anfall überhaupt denken können. Um aus dem Teufelskreis der immer wiederkehrenden, an die Grenzen des Erträglichen gehenden Schmerzen herauszukommen, ist ihnen beinahe jedes Mittel recht. Und so irren sie oft jahrelang von Arzt zu Ärztin, von der Heilpraktikerin zum Hypnosetherapeuten. Und greifen in ihrer Not auch zu angeblichen Wundermitteln, die dann meist doch enttäuschen.

Auch ich habe so eine Migräneleidensgeschichte hinter mir. Ja, hinter mir, denn glücklicherweise hat die Migräne heute für mich ihren Schrecken verloren. Warum das so ist, können Sie in diesem Buch nachlesen. Denn so wie mir kommt auch unzähligen Migränemitleidenden zugute, daß die Migräneforschung in den letzten Jahren um ein paar entscheidende Schritte weitergekommen ist. Erstmals besteht berechtigter Grund zu der Annahme, daß das teuflische Schmerzgeschehen im Kopf, eben das »Gewitter im Gehirn«, von seinem Ablauf her besser verständlich erscheint. Im Verlauf unserer persönlichen Lebenserfahrung konnten wir Migränepatientinnen und -patienten herausfinden, bei welchem Anlaß »unsere« Migräne mit an Sicherheit grenzender Wahrscheinlichkeit ausbrechen würde. Alle diese Auslösefaktoren, medizinisch »Trigger« genannt, beeinflussen die Biochemie des Hirnstoffwechsels ungünstig: Die Folge ist der gefürchtete Migräneanfall.

So werden alle Betroffenen in diesem Buch wenigstens zwei für sie wichtige Botschaften entdecken: Entweder es gelingt uns, die unsere ureigenste Migräne auslösenden Reize in unserem Alltag aufzuspüren und zu lernen, diese künftig zu meiden – dabei ist das Kapitel »Das Migräne-Puzzle« behilflich. Oder wir müssen uns damit abfinden, das Migränegeschehen im Kopf mit Hilfe von ebenfalls erlernbaren Selbsthilfemethoden zu unterbrechen – wenn wir nicht zu Medikamenten greifen wollen. Auch auf diesem Gebiet gibt es aber vielversprechende Neuentwicklungen, die direkt in den Hirnstoffwechsel eingreifen. Und mindestens fünf weitere neue Migränemittel befinden sich derzeit in der klinischen Erprobungsphase. Sie werden in den nächsten Jahren auf den Markt kommen, und es ist abzusehen, daß niemand sich mehr stunden- oder gar tagelang mit der Schmerzhölle im Kopf abplagen muß.

Ein Gedanke, der mir bei der Arbeit an der Aktualisierung dieses Buches besonders gut gefallen hat, stammt von einem deutschen Verhaltenstherapeuten. Er vertritt die Idee, daß sich Migränepatienten über ihr »Leiden« nicht grämen, sondern sogar freuen sollten. Denn die Migräne sei in Wahrheit nichts anderes als die natürliche Selbstregulation des überaktiven Körpers, endlich zur inneren Ruhe zu kommen, und sei es auch nur vorübergehenderweise eben während des Migräneanfalls. Diese Idee lohnt, überdacht zu werden; denn positives Denken könnte uns ja unter Umständen sogar mit der eigenen Migräne versöhnen – aber lesen Sie lieber selbst nach, was es damit vielleicht auch für Sie auf sich haben könnte.

Im geeinten Deutschland leidet etwa ein Viertel der Gesamtbevölkerung an chronischen Kopfschmerzen, davon wiederum mindestens 3,6 Prozent an schwerer Migräne. Die Dunkelziffer dürfte allerdings bei mehreren Millionen Migränikerinnen und Migränikern liegen, denn die Migräne ist ein »stummes Leiden« – viele Betroffene schämen sich noch immer, deswegen ärztliche Hilfe zu beanspruchen. Frauen sind drei- bis viermal häufiger betroffen als Männer, und immer mehr Kinder erleiden im Schulalter ihre ersten Migräneattacken.

Was mir bei den Recherchen zu diesem Buch aufgefallen ist: Obwohl es seit Jahren veröffentlichte Empfehlungen der Deutschen Migräne- und Kopfschmerzgesellschaft zur Behandlung der Migräne gibt, scheinen die deutschen Ärzte davon keine Notiz zu nehmen. Ihr Verständnis der Migräne und ihr Verschreibungsverhalten hat sich bedauerlicherweise seit 15 Jahren nicht wesentlich geändert. Hier muß also noch sehr viel Aufklärungsarbeit erfolgen, damit uns Migränepatienten die Erkenntnisse und Erfolge der modernen medizinischen Wissenschaft und Forschung eines besseren Tages auch wirklich zugute kommen.

Dieses Buch wird Ihnen, liebe Leserin und lieber Leser, dabei helfen, Ihre eigene Migräne nicht mehr passiv als Schicksal zu ertragen. Sie können sich schlau machen, was wohl Ihre Migräne auslöst und wie Sie mit diesem Wissen am besten umgehen können. Denn nur, wenn Sie Ihre ganz persönliche Migränetherapie aktiv in die eigene Hand nehmen, wird die Migräne ihre Macht über Sie verlieren! In diesem Sinne – gute Besserung!

Hamburg, im Herbst 1996 Renate Scholz

Die vielen Gesichter der Migräne

Migräne – ein altbekanntes Leiden

Wie alle großen Krankheiten der Menschheit ist auch die Migräne ein wahrlich altbekanntes Leiden: Erste Hinweise darauf finden sich schon 1200 v. Chr. in der altägyptischen Hieroglyphenschrift auf einem Papyrus, der in einem Grabmal von Theben (dem heutigen Luxor) gefunden wurde. Die Schriftzeichen nennen einen Zauberspruch als magische Formel, die einen ganz bestimmten unheimlichen Kopfschmerz bannen soll – damals bekannt als der »halbe Tempel«. Der böse Geist, der in den Kopf des also geplagten Menschen fährt, so meinten die altägyptischen Heilkundigen, könne ausgetrieben werden, wenn er nur fürchterlich erschreckt werde.[1]

Erstmals beschrieben wurden die »vielen Gesichter« des halbseitigen Kopfschmerzes von Aretaeus von Cappodocia im ersten Jahrhundert n. Chr. Der altrömische Arzt fügte noch die Beobachtung hinzu, daß Kälte etwas mit diesem Schläfenschmerz zu tun haben müsse. Der griechisch-römische Arzt Galen(os) (129-199 n. Chr.) schließlich meinte, der Fluß der »schwarzen Galle« löse den Halbschädelschmerz aus.[2] Im 11. Jahrhundert vertrat der Arzt Serapion die revolutionäre Ansicht, daß »heiße und kalte Substanzen aus dem Verdauungstrakt ins Gehirn fließen«, was wiederum einen Halbkopfschmerzanfall nach sich ziehe.[3]

Das Wort Migräne ist griechisch-lateinischer Herkunft: Das griechische Wort *»hemikrania«* (lat.: *hemicrania*) bedeutet »Halbschädel« und weist auf den typischen einseitigen Schläfenkopfschmerz hin.[4]

Ein wissenschaftlich anerkannter Begriff wurde die »Migräne« (aus dem französischen *migraine* stammend und früher auch als »Kopfgicht« übersetzt) erst im 17. und 18. Jahrhundert. Schon damals brachte der französische Arzt Simon-André Tissot den dabei häufig beobachteten Brechreiz mit einer »Irritation der Magennerven« in Verbindung, welche wohl den Migränekopfschmerz auslösten.[5]

Auch heute noch ist die Migräne ein ebenso weltweit verbreitetes wie rätselhaftes Leiden – und zwar in allen Kulturkreisen und in allen geographischen Regionen.[6] Jeder achte Mensch in den hochentwickelten Industrienationen ist von dem anfallsweise auftretenden, halbseitigen Migränekopfschmerz betroffen. Schätzungsweise 120 Millionen Menschen in aller Welt erleiden jährlich rund 1,4 Milliarden Migräneanfälle. Allein in den USA, wo 50 bis 70 Millionen Amerikanerinnen und Amerikaner Migräne haben, läßt sich ein jährlicher Verlust des Bruttosozialprodukts in Höhe von rund 50 Milliarden Dollar infolge von Arbeitsausfällen errechnen, die auf das Konto der Migränebeschwerden gehen.[7]

Statistiken u.a. aus Belgien, Italien, Schweden, Großbritannien und Kanada belegen, daß bis zu zwölf Prozent der Bevölkerung unter Migräne leiden. Zehn Prozent der Migräniker gelten als besonders schwer betroffen.

In Europa leiden 80 bis 90 Millionen Menschen an Migräne oder migräneartigen Kopfschmerzen. Prof. Dr. Wolf-Dieter Gerber, Leiter des Instituts für medizinische Psychologie der Universität Kiel, bezifferte den durch Arbeitsunfähigkeit entstehenden volkswirtschaftlichen Schaden für die europäischen Länder auf umgerechnet 10 Billionen der neuen Eurowährung ECU jährlich.[8]

Im geeinten Deutschland sind von den annähernd 23,4 Prozent Kopfschmerzpatienten 3,6 Prozent migränekrank. Die Dunkelziffer dürfte aber weitaus höher sein, da nur rund ein Drittel der Migräneleidenden einen Arzt aufsucht. Der Schmerztherapeut Dr. Volker Pfaffenrath, München, neuer Präsident der Deutschen Migräne- und Kopfschmerzgesellschaft schätzt die Zahl der Migränekranken in Deutschland sogar auf 21 Millionen Menschen.

In seiner Studie über die ›Lebensqualität und volkswirtschaftlichen Kosten der Migräne in Deutschland‹ hat der Arzt und Autor Bernd Brüggenjürgen, Celle, errechnet, daß infolge von Krankheitstagen und von migränebedingten anderweitigen Leistungseinschränkungen – viele Migränekranke zwingen sich trotz ihrer Schmerzen zur Arbeit – der Volkswirtschaft in Deutschland ein jährlicher Verlust von annähernd fünf Milliarden Mark erwächst.[9]

Eine große deutsche Fluggesellschaft hat kürzlich überprüfen lassen, wie viele ihrer Mitarbeiterinnen und Mitarbeiter beim Bodenpersonal des Frankfurter Flughafens von Migräne betroffen sind und welche Auswirkungen das auf die marktwirtschaftliche Situation der Fluglinie hat. Dabei kam heraus, daß von den 2000 Befragten rund zehn Prozent zeitweise unter schwerer Migräne litten und deswegen jährlich etwa zehn Tage ihrem Arbeitsplatz fernbleiben mußten. Andere Kopfschmerzleiden verursachten dagegen pro Jahr nur zwei Fehltage. Die Airline hat sich daraus einen jährlichen Produktivitätsverlust von zwei Millionen Mark hochgerechnet – der nicht nur der Personalabteilung »Kopfschmerzen« bereiten dürfte.[10]

Weshalb sich mindestens dreimal soviele Frauen wie Männer, jedoch ungefähr gleich viele Mädchen wie Jungen – heute bereits rund zwölf Prozent aller Schulkinder! – mit diesem besonderen Kopfschmerz abquälen (müssen), hat schon viele Forscher beschäftigt.

Die häufigsten Migräneanfälle erleiden Frauen wie Männer zwischen ihrem 25. und dem 50. Lebensjahr (viele Männer und einige Frauen auch noch ein paar Jahre länger). Etwa 34 Prozent aller Migräniker haben von einem Schmerzanfall bis zum nächsten mehr als einen Monat Ruhe. Zehn Prozent erleiden jedoch mehr als fünfmal im Monat einen akuten Migräneanfall. Die Gesamtheit der Migräneleidenden in Deutschland wird durchschnittlich einmal im Monat von einer Migräneattacke heimgesucht.[11]

Die Beschwerden während eines Migräneanfalls halten im Mittel 18 Stunden lang an. 32 Prozent der Migränepatienten leiden jedoch länger als einen Tag darunter. Fast 40 Prozent der Betroffenen klagen außer über quälenden Schläfenkopfschmerz auch über Übelkeit, 18 Prozent müssen bei einem Migräneanfall erbrechen.[12]

Eigenartig: Obwohl Migräniker unter ihrer Krankheit nach eigenen Angaben oft erheblich leiden und vor allem über eine starke Beeinträchtigung ihrer Lebensfreude und -qualität klagen, gehen in Deutschland nur 30 Prozent der Migränepatienten wegen ihres Leidens zum Arzt. Jeder zweite hat nach Angaben der Deutschen Migräne- und Kopfschmerzgesellschaft zwar schon einmal einen Arzt aufgesucht. Das Ergebnis dieses Arztbesuchs muß für die Betroffenen aber so unbefriedigend gewesen sein, daß sie gar nicht erst versuchten, in Behandlung zu bleiben. Wahrscheinlich waren sie von dem, was ihnen der Arzt oder die Ärztin – meist Allgemeinmediziner, Internisten oder Neurologen – an Beratung und Behandlungsvorschlägen zu bieten hatten, bitter enttäuscht. Oder die Migräne besserte sich trotz der Therapiemaßnahmen nicht. Immerhin 20 Prozent der Betroffenen scheinen dem Ärztestand in diesem Punkt rein gar nichts zuzutrauen (oder sie fühlen sich nicht wirklich »krank«), denn sie haben wegen ihrer Migräne noch niemals ärztlichen Rat und Hilfe gesucht![13] Rat-los sind indessen auch viele Kopfschmerztherapeuten selbst: Wer warum wann Migräne bekommt oder eben nicht, ist bislang ein nur ansatzweise gelöstes Rätsel.

Fest steht nur eins: Es gibt nicht die *eine*, einzige Erklärung des Phänomens Migräne. Wie bei einem Puzzle-Spiel müssen Zug um Zug all die einzelnen Bruchstücke des Wissens über die Migräne zusammengefügt werden, die bisher wissenschaftlich gesichert vorliegen oder über die weiter geforscht werden sollte. Ob daraus je ein einheitliches, für alle Migränebetroffenen gültiges Bild entsteht, ist mehr als fraglich: Vermutlich hat jeder Mensch seine ganz persönliche, ureigenste Migräneform. Und nur wer im Laufe des Lebens gelernt hat, den wahren Ursachen dieses ganz individuellen Leidens auf die Schliche zu kommen, hat eine echte Chance, aktiv etwas dagegen zu unternehmen und die Migräne vielleicht zu überwinden – mit oder ohne Hilfe der Medizin.

Immerhin: Die Migräne ist in Medizin und Forschung endlich als echtes Krankheitsbild anerkannt.[14] Sie ist also keine »eingebildete Krankheit«, wie es noch um die Jahrhundertwende unseren Großmüttern unterstellt wurde, die sich angeblich unangenehmen Situationen zu entziehen versuchten, indem sie »ihre Migräne nahmen« und sich ins abgedunkelte Schlafzimmer begaben. Allerdings: Althergebrachte Vorurteile sind nur schwer auszurotten. In der Familie wie in der ärztlichen Sprechstunde begegnen Migränekranke häufig großer Skepsis: Angehörige, aber auch Ärzte und Ärztinnen glauben oft nur, was sie sehen oder in der ärztlichen Praxis nachweisen können. Quälende Migräneschmerzen sind aber im wahrsten Wortsinn *unbegreiflich*. Sie werden daher vielfach noch immer nicht als wirkliches Leiden akzeptiert, sondern als »faule Ausrede« oder »Hysterie« abgetan.

Was Migräne im Leben bedeutet

Das Migräneleiden beginnt oft schon in der Kindheit. Etwa ab dem 10., spätestens bis zu ihrem 30. Lebensjahr erleben Migräniker ihre ersten schlimmen Schmerzattacken. Manche Menschen bekommen im Abstand von mehreren Wochen oder Monaten Migräneanfälle, andere wöchentlich oder sogar täglich.

Im Leben vieler Frauen, die unter Migräne leiden, ist der 50. Geburtstag ein magisches Datum: Im Zusammenhang mit der hormonellen Umstellung des Körpers während der Wechseljahre hören die Migräneanfälle nämlich mitunter schlagartig auf oder lassen wenigstens spürbar nach.

»Mir fehlen Monate, ja Jahre meines Lebens!« Das ist die übereinstimmende Meinung nahezu aller Migräneleidenden, die sich oft ein halbes Leben lang mit ihrer Migräne abplagen. Die Lebensqualität ist – manchmal seit der Kindheit und Jugend – empfindlich beeinträchtigt. Viele Migränepatienten haben sich im Laufe ihres Schmerz(er)lebens die unterschiedlichsten Vermeidungstaktiken für ihre Migräne angeeignet. Und diese Strategien lassen schließlich kaum mehr Luft für ein normales, unbeschwertes Leben.

Der Schmerztherapeut Dr. Volker Pfaffenrath weiß um die vielfältigen Beeinträchtigungen der Lebensqualität von Migränepatienten: »Eine Migräneattacke zum falschen Zeitpunkt beeinträchtigt nicht nur die sozialen Kontakte, sondern auch die Arbeitsleistung und das Familienleben.« Und so wirkt sich laut Pfaffenrath die Migräne im einzelnen auf das Leben der Betroffenen aus:

- hoher Leidensdruck mit Schmerzen, Übelkeit usw. während des akuten Migräneanfalls,
- das Gefühl, dem Anfall hilflos ausgeliefert zu sein,

- angstvolles Abwarten bis zur nächsten Attacke,
- ängstliches Vermeiden von Aktivitäten, die u.U. einen neuerlichen Migräneanfall auslösen könnten (z.B. Verzicht auf oder Einschränken von Hobbys und anderen Freizeitvergnügen wie z.B. Sport),
- freiwilliger Verzicht auf Genußmittel (wie z.B. Süßigkeiten, Nikotin, Alkohol) aus Angst vor Migräne,
- Einschränken sozialer Aktivitäten (nicht mehr ausgehen, keine Theater-, Konzert-, Kino-, Party-Besuche mehr fest einplanen, keine Verabredungen zum Essen treffen bzw. solche Termine wegen der Migräne absagen müssen)
- sowie die heimliche Angst vor jahrzehntelangem Leiden.[1]

Jo Lidell, in leitender Funktion bei der British Migraine Association tätig, beschrieb auf einem Kongreß einfühlsam den Einfluß, den die Migräne auf die Lebensbedingungen der Betroffenen hat.[2] Überdurchschnittlich viele Migränepatientinnen und -patienten sind zum Beispiel geschieden – als Folge der Belastungen, denen ihre Ehe infolge der Migräne ausgesetzt war. Viele haben ihre Arbeit aufgegeben oder verloren; einige fürchten sich, Auto zu fahren, weil sie Angst vor den visuellen Ausfällen vor oder während eines Migräneanfalls haben. Migräneleidende, so Jo Lidell, haben oft auch Angst zu verreisen, weil sie befürchten, an einem fremden Ort schlimmste Migräneattacken zu erleiden. Oder sie zögern, Arbeitsaufträge anzunehmen und/oder sich auf feste Terminzusagen einzulassen, aus Furcht, womöglich absagen zu müssen und dann als unzuverlässig zu gelten.

Zu diesen Flucht- und Vermeidungsstrategien zählt auch das Verschweigen der Migräne. Migräneanfällige sprechen gewöhnlich nicht über ihre Krankheit – aus Furcht, sich lächerlich zu machen oder nicht ernstgenommen zu werden.[3]

Sich eigene Verhaltensweisen bewußt zu machen, kann ein

erster Schritt sein, aktiv gegen das lästige Leiden anzugehen. Sehen Sie Ihrer Migräne ins Gesicht und finden Sie so viel wie nur irgend möglich über »Ihre« ganz spezielle Migräne heraus. Sie haben als Betroffene das Recht, sich und Ihre Krankheit ernstzunehmen.

Wie Sie Migräne von anderen Kopfschmerzen unterscheiden können

Der Migräneschmerz ist pulsierend, klopfend, bohrend, pochend oder drückend und wird eher als »heller«, besonders bösartiger Schmerz empfunden, der kaum erträglich ist. Zumindest in der Anfangsphase ist die Migräne fast immer einseitig auf eine Schläfe konzentriert. Auch das Auge der betroffenen Seite wird von der Schmerzempfindung in Mitleidenschaft gezogen. Nach ein paar Stunden kann der Migräneschmerz auch »springen« und zur anderen Schläfenseite überwechseln.

Hält der Migräneschmerz länger an, so breitet er sich schließlich auf die Stirn aus und strahlt auch in den Hinterkopf und den Nacken aus. Zum Schluß tut der ganze Kopf weh. Bis in die Zähne hinein ist das Pulsieren des Migräneschmerzes zu spüren.

Spannungskopfschmerz

Im Unterschied zur Migräne wird der Spannungskopfschmerz als dumpf und drückend empfunden. Die Schmerzwahrnehmung geht eher in Richtung »dunkler«, wühlender Schmerzen, die aber mehr im Hintergrund bleiben als die Migräne.

Sie können daher auch im allgemeinen etwas leichter und länger ertragen werden.

Spannungskopfschmerzen betreffen stets den gesamten Schädel. Manche Menschen beschreiben sie als ein Gefühl, einen schmerzenden Helm oder Reif aufzuhaben. Auch die Kopfhaut und die Haarwurzeln tun weh. Oft strahlt der Schmerz bis in die verspannte Muskulatur von Nacken, Schultern und Rücken aus.

Kombinationskopfschmerz

Manche Migränepatienten haben zusätzlich zu ihrer Migräne auch noch Spannungskopfschmerzen. Dieses Doppelleiden heißt in der medizinischen Fachsprache Kombinationskopfschmerz. Er kann täglich auftreten, und oft können die Betroffenen dann nicht mehr auseinanderhalten, ob sie nun gerade mehr an Migräne oder an Spannungskopfschmerzen oder an beiden Schmerzzuständen gleichermaßen leiden. Ähnlich wie Migränekranke sind auch Menschen, die häufig Spannungs- bzw. Kombinationskopfschmerzen haben, besonders gefährdet, von Schmerzmitteln (medizinisch Analgetika genannt) abhängig zu werden. Wer jedoch regelmäßig und/oder mißbräuchlich Schmerzmittel schluckt bzw. schmerzlindernde Zäpfchen anwendet, läuft Gefahr, noch einen weiteren Kopfschmerz zu bekommen, nämlich den Schmerzmittel-Kopfschmerz.

Schmerzmittel-Kopfschmerz

Leider hat sich noch immer nicht zu allen Kopfwehgeplagten herumgesprochen, daß Schmerzmittel bei häufigerem Gebrauch ihrerseits Kopfschmerzen auslösen können (siehe auch S. 109). Ein solcher Schmerzmittel-Kopfschmerz wird auch leicht mit Spannungs- oder Kombinationskopfschmerzen verwechselt: Beide fühlen sich ganz ähnlich an. Unterschiedlich ist allerdings ihre Dauer: Im Gegensatz zum Spannungskopfschmerz, der nur gelegentlich auftritt, wenn die Patienten besonders angespannt sind, geht der Schmerzmittel-Kopfschmerz leicht in einen Dauerkopfschmerz über. Er wird dann zum ständigen Begleiter, ist jeden Morgen da. Werden dann weiter Schmerzmittel dagegen eingenommen, so lassen die Kopfschmerzen möglicherweise kurzfristig etwas nach, um dann aber um so stärker wieder zurückzukehren – ein wahrer Teufelskreis! Insbesondere Schmerzmittel, die mehrere Wirkstoffe enthalten (Kombinationspräparate) stehen im Verdacht, Dauerkopfschmerzen auszulösen.

Cluster-Kopfschmerz

Der Cluster-Kopfschmerz (von engl. *cluster* = Traube, Haufen) wird auch, nach seinen Entdeckern, Bing-Horton-Syndrom genannt. Er ist mit der Migräne nicht zu verwechseln, denn er tritt schlagartig, anfallsweise und fast immer zur selben Uhrzeit auf – beinahe auf die Minute pünktlich –, meist in der Nacht bzw. in den sehr frühen Morgenstunden. Es handelt sich dabei um einen neuralgieartigen Schmerz, der streng einseitig ist, aber auf die Stirn und den Hinterkopf ausstrahlt. Dieser Schmerz ist so stark und stechend, daß er die Betroffenen in Panik, ja in Todesangst versetzen kann. Typisch für den Cluster-Kopfschmerz ist auch, daß man ihn nicht etwa stumm leidend ertragen kann, sondern ruhelos hin- und herrennt, es nirgendwo aushält. Manche Patienten schaukeln auch im Sitzen mit dem Oberkörper hin und her wie verlassene (oder beziehungsgestörte, autistische) Kinder. Kaum jemals verspüren die Betroffenen das Bedürfnis, sich – wie bei einer Migräne – ins Bett zu verkriechen. Sie haben nur den Wunsch, dem Schmerz »davonzulaufen« oder den Kopf gegen eine Wand zu schlagen, damit der Schmerz endlich aufhört.

Während einer Cluster-Attacke ist die betroffene Gesichtshälfte auffällig gerötet. Auch das Auge auf dieser Seite ist rot, wie entzündet, es tränt stark, und die Nase läuft heftig (der typische Cluster-Schnupfen).

Wer jemals eine Cluster-Attacke erlebt hat, vergißt sie ein Leben lang nicht und kann nur hoffen, daß so ein Anfall sich möglichst nicht wiederholt. Dagegen sind die »normalen« Migräneanfälle geradezu eine »Erholung«, verlaufen sie doch zumindest nicht so beängstigend.[1]

Gewitter im Gehirn

So macht sich eine Migräneattacke bemerkbar

Dieses Kapitel ist sozusagen ein populärwissenschaftliches Experiment: Ich habe es während eines akuten Migräneanfalls geschrieben (der merkwürdigerweise für lange Zeit der letzte sein sollte!). Daß mir ein »Gewitter im Gehirn« bevorstand, bemerkte ich bereits am Abend zuvor. Mein Kopf war so sonderbar leicht, frei und klar. Das Denken funktionierte bestens: Mit Freunden diskutierten wir über Krebs und waren uns fast einig, daß diese schwere Erkrankung wohl doch auf eine Kränkung des Ichs zurückzuführen sei. Wir alle fühlten uns der Lösung des Rätsels so nah wie selten ... und auch ich war richtig euphorisch. Aus jahrzehntelanger Erfahrung aber weiß ich: Dieses mysteriöse Glücksgefühl im Kopf ist – bei mir – mit ziemlicher Sicherheit der Vorbote eines besonders bösartigen Migräneanfalls!

Vielen Menschen geht das so. Sie können auf einmal viel klarer denken, präziser formulieren, auch besser riechen, hören und schmecken. Alle Sinnesorgane scheinen auf Hochtouren zu laufen. Diese Situation gilt es auszunutzen, wenn etwas Wichtiges zu erledigen ist. Migräniker schieben unangenehme Dinge darum in traumwandlerischer Selbstgewißheit auf solche »guten Tage« – und meistern in diesem außerordentlichen Zustand praktisch jede Herausforderung des Lebens (von der Liebes- bis zur Steuererklärung). Auch ich habe schon viel Routine darin, diese Prä-Migräne-Stadien so gut wie irgend möglich auszunutzen, denn ich weiß ja, die nächsten Tage werden schlimm.

So auch prompt am nächsten Morgen. Noch im Halbschlaf fühle ich das Dröhnen in der rechten Schläfenseite, und als ich ganz erwacht bin, spüre ich das bekannte Stechen und Klopfen der Migräne. Und da höre ich auch schon Flugzeuge über unser Haus dröhnen, deren Lärm sich wie mit Düsentriebwerken in meinen Kopf bohrt: Über uns liegt heute wieder die Einflugschneise des Hamburger Flughafens. Typisches Migränewetter für mich. Steifer Nordostwind, Stärke sechs bis sieben. Den Tag kann ich abhaken!

Umgehend beginnt mein Anti-Migräne-Programm, das ich mittlerweile aus dem Effeff beherrsche. Heute sieht es allerdings auch vor, daß ich mich an den Computer setze und ausgerechnet über Migräne schreibe, während der Schmerz heftig in meinem Kopf pulsiert.

Die meisten Migränepatienten sind – so wie auch ich – mit der Zeit die besten Experten ihres Schmerzes geworden. Kein Arzt kann ihnen da etwas erzählen. Sie wissen selbst ganz genau, wann ihre Migräne kommt, wie schlimm sie wird, wie lange sie wahrscheinlich dauert und mit welchen Tricks sie vielleicht gerade noch verscheucht werden kann.

Das Gewitter im Gehirn kündigt sich fast immer schon viele Stunden, oft sogar einen Tag vorher an. Viele Betroffene wissen dann, was sie jetzt genau tun müß(t)en, damit sich die Migräne im Kopf nicht wie ein Flächenbrand ausbreitet, sondern sich wieder verflüchtigt. Wird das erprobte Migräne-Beseitigungsprogramm auch nur um wenige verhängnisvolle Minuten verzögert, ist der Erfolg der Prozedur schon in Frage gestellt. Es kommt tatsächlich auf den richtigen Augenblick an, den Ernst der Lage zu erkennen und sofort zu handeln, wenn noch eine Chance auf Schmerzfreiheit bestehen soll.

Warnzeichen sind beispielsweise das geschilderte, verdächtig gute Funktionieren aller Sinnesorgane, des Geistes und auch des Gefühls. Die nächste Vorstufe ist ein deutlich spürbares Nachlassen eben dieser Sinnesfähigkeiten. Besonders auffällig, zunächst für die Betroffenen selbst, sind:

- *Sehstörungen.* Es flimmert vor den Augen, manche sehen weiße Lichtblitze oder schwarze Punkte. Ferner setzt ein leichtes Schwindelgefühl ein, die Umwelt scheint sich zu drehen. Der Kopf ist benommen, wiegt schwer auf den Schultern. Hinzu kommen dann oft noch weitere, vorübergehende Ausfallerscheinungen (die manchmal auch andere bemerken).
- *Sprechstörungen.* Die Gedanken fließen nur noch träge, und auch die Zunge gehorcht nicht mehr so richtig. Erfahrene Migränekranke haben gelernt, mit solchen »Macken« umzugehen. Sie umschiffen sie beispielsweise elegant, indem sie sich einfach weniger gewählt ausdrücken oder auch für ein paar Stunden jeder sprachlichen Kommunikation aus dem Wege gehen (zum Beispiel das Telefon ausstecken).

Solche Vorzeichen der Migräne werden in der medizinischen Wissenschaft laut neuer Internationaler Kopfschmerzklassifikation als »Aura« bezeichnet. Auch leichte, ebenfalls vorübergehende *Taubheitsgefühle* im Gesicht oder in den Armen können dazugehören.

Nach meiner persönlichen Erfahrung kündigt sich die Migräne mitunter auch durch *Gleichgewichtsstörungen* an: Ich schramme dann garantiert an alle Ecken und Pfosten der Wohnung, obwohl ich sie doch seit Jahren genau kenne. Die blauen Flecke, die ich mir dabei hole, sind geradezu Marksteine meiner Migräneattacken.

Weitere typische Migränevorboten sind u.a.: plötzliche Anwandlungen von Heißhunger, etwa auf Süßes oder Salziges, Gereiztheit, Ängstlichkeit oder auch Panikattacken, Konfliktunfähigkeit (Abwehren von Streß aller Art), Verdauungsbeschwerden wie z.B. plötzliche Magen-Darm-Probleme, Blähungen, Verstopfung oder Durchfall. Auch eine seltsame Tagesmüdigkeit kann sich auf einmal breitmachen.

Manche Menschen können im Vorstadium ihrer Migräne z.B. auch bestimmte Musikstücke »nicht mehr hören« (= ertragen), sie werden besonders lärmempfindlich und/oder können bestimmte Personen oder Gerüche »nicht mehr riechen«. Ganz allgemein werden Düfte aller Art im Vorstadium der Migräne übersteigert wahrgenommen, was unmittelbar Übelkeit auslösen kann, bis hin zum Erbrechen.

Letztes Alarmzeichen ist schließlich ein langsam hochkriechendes Kältegefühl (eiskalter Nacken, kalte Nasenspitze, weiße, schlecht durchblutete Finger) und zuletzt auffallende Blässe im Gesicht. Spätestens jetzt sollten Betroffene wissen: Nun muß ich aber schleunigst etwas für meinen Kreislauf = meine Kopfdurchblutung tun, sonst wird es ein besonders höllischer Migräneanfall!

Migräne beginnt häufig in den frühen Morgenstunden, oft zur normalerweise besten Schlafenszeit gegen zwei Uhr nachts. Fünf bis sechs Stunden, meist sogar einen vollen Tag dauert ein ganz normaler Migräneanfall. Manchmal kann eine ausgewachsene Migräne aber auch drei bis vier Tage anhalten: Tage, die Sie (und ich) im Leben abschreiben können. Sie sind völlig aus- und abgeschaltet in Ihrer Leistungsfähigkeit, leben nur mit dem Schmerz und können höchstens auf eines hoffen: Vielleicht heute noch, vielleicht morgen, bestimmt aber über- oder überübermorgen ist der Migräneanfall garantiert vorüber …

Bis dahin möchten Sie sich am liebsten nur irgendwohin verkriechen, wo es ganz ruhig und besänftigend dunkel ist, vielleicht auch schmerzmildernd kühl. Auch dies ist ein typisches Merkmal der echten Migräne: Sie wird meist stumm hingenommen, schweigend erlitten. Kein lautes Lamentieren also über die Schmerzen, kein Stöhnen, Ächzen, Schreien,

Weinen, sondern stilles Erdulden des Unabänderlichen. Die Migräne kann daher als »stummes Leiden« bezeichnet werden, bei dem weder die körperlichen Schmerzen und Störungen noch das psychische Leiden nach außen getragen werden, beschreibt die Psychoanalytikerin Christa Borsalino das charakteristische Erscheinungsbild der Migräne.[1] Dies ist aus psychoanalytischer Sicht ein Hinweis darauf, daß bei Migräneleidenden auch andere, viel tiefer sitzende Seelen-Schmerzen nicht angemessen ausgedrückt und verarbeitet werden können, sondern sich statt dessen »nach innen bohren« (siehe auch ›Das Migräne-Puzzle‹ ab S. 39).

Der typische Migräneschmerz setzt ein

Sollten die Chancen des *Prodromalsyndroms* der Migräne (wie die Vorboten medizinisch genannt werden) nicht erkannt und genutzt worden sein, ist die nächste Stufe der Migräne der totale Schmerz. Er setzt meist unvermittelt mit akuter Heftigkeit auf einer Schläfenseite ein. Der typische Migräneschmerz geht von der vorderen Kopfseite aus, verläuft entlang der Schläfe (diese ist mitunter sogar angeschwollen, man kann das Klopfen der pulsierenden Blutgefäße unmittelbar unter dem tastenden Finger spüren) und ist – zunächst – streng einseitig.

Viele Betroffene haben eine Schläfenseite, die besonders migräneanfällig ist. Auch ich weiß ganz genau: Wenn mich morgens früh im Bett eine Migräne an der rechten Schläfe erwischt, wird der Schmerz weniger schlimm oder ist spätestens abends gegen acht Uhr vorbei. Wehe aber, wenn die Migräne heimtückisch linksseitig ganz sanft beginnt! Dann steigert sie sich erfahrungsgemäß im Lauf des Tages zum Inferno, hört auch die nächste Nacht und den nächsten Tag nicht auf und hinterläßt mich schließlich drei Tage später als Wrack. Leidensgenossen können solche Erfahrungen nur bestätigen. Und sie kennen auch die wunderliche Tatsache, daß die Migräne gerne »springt«, das heißt, von einer Schläfenseite auf die andere überwechselt – und dann nur um so schlimmer wird.

Das charakteristische Klopfen und Stechen des Migränekopfschmerzes kann im Laufe mehrerer Stunden auch übergehen in einen dumpfen Dauerschmerz. *Wichtig:* In diesem Stadium hilft kein bisher bekanntes Schmerzmittel! Es ist absolut sinnlos (und belastet nur unnötig den Kreislauf), in diesem Vollstadium der Migräne noch irgendwelche Schmerztabletten zu schlucken. Auch Zäpfchen mit Schmerzmittel-Wirkstoff können jetzt ihre lindernde Wirkung nicht mehr entfalten. Die Betroffenen sind der Migräne nunmehr völlig ausgeliefert. Und je eher sie sich – wenn auch nur für heute – geschlagen geben, desto besser. Denn Hingabe an den totalen Schmerz bedeutet auch Freimachen von allen Abwehrmaßnahmen, bedeutet die Wende zur Besserung.

Weitere Übel während der Migräneattacke

Ein Begleitsymptom der Migräne ist bei sehr vielen Betroffenen die Übelkeit. Manchen Menschen wird schlecht vor Schmerzen. Sobald sie sich erbrechen können, läßt auch der Schmerz etwas nach.

Ich selbst habe mit Übelkeit während der Migräne kaum zu tun. Statt dessen streikt mein gesamtes Verdauungssystem. Sobald ich das typische leise Heraufziehen des Migräneschmerzes spüre, ist auch die Verdauung blockiert. Das heißt, was ich zuvor gegessen habe, liegt mir nun für Stunden im Magen. Dafür rumort der Darm vehement bis zum Durchfall.

Während meiner sämtlichen Migräneanfälle hatte ich bisher auch immer einen dick aufgeblähten Leib (»wie im 12. Schwangerschaftsmonat«) und Bauchschmerzen.

Außerdem ist bei mir meist auch das Venensystem in Mitleidenschaft gezogen: Ich habe dann besonders dicke, schwere Beine, so als ob der Kreislauf völlig in sich zusammengesackt sei, das Blut aus dem Kopf abgezogen würde und in den Beinen stockte.

Begleitsymptom der Migräne ist ferner oft der »Migräneschnupfen«. Die Nasenschleimhäute sind dick angeschwollen, so daß die Atmung erschwert ist. Gleichzeitig ist die Augenbindehaut gerötet, und manchmal tränen die Augen. Warum das bei vielen Migränikern und Migränikerinnen so ist, hat mir noch kein Arzt erklären können.

Das Gewitter ebbt ab

Auch das Abklingen der Migräne hat seine Vorboten. Bei mir kündigt sich das Ende des Anfalls damit an, daß ich auf einmal sehr häufig zur Toilette muß. Meine Nieren produzieren eine wahre Harnflut, so als ob sich mein Körper von allen angestauten »Schmerzstoffen« selbst reinigen wollte (sogar der Geruch des Urins ist verändert). Ich verspüre dann augenblicklich große Erleichterung und weiß: Jetzt ist die Migräne bald überstanden, gleich geht´s mir wieder richtig gut. Nun kann ich wieder loslegen, arbeiten oder mit einer Freundin entspannt telefonieren. Meist greife ich dann aber spontan zum Staubsauger und räume »wie verrückt« die Wohnung auf. Ich schaffe Ordnung um mich herum – und fühle mich dann auch wieder selbst »geordnet«.

Nach einer schweren Migräneattacke schlafen die meisten Menschen sehr tief und gut. (Auch Epileptiker verspüren nach ihren Anfällen so etwas wie Erlösung und fallen in tranceähnlichen Erholungsschlaf.) Beim Aufwachen fühlen sich die so Erholten förmlich wie neu geboren. Da ist noch so eine Ahnung im Körper, als hätte er gerade eine schwere Krankheit überstanden. Aber insgesamt kehren doch die Lebensgeister wieder zurück: Die Migräniker erheben sich dann wie Phönix aus der Asche, sie sind gut drauf und können kaum glauben, jemals Migräne gehabt zu haben – oder sie irgendwann wieder zu bekommen.

Als sehr beruhigend empfinden Migränepatienten auch die Gewißheit, daß sie nach einer besonders schweren Migräneattacke wahrscheinlich für einige Zeit von dieser Plage Ruhe haben. Auch die phasenweise Symptomfreiheit gehört zu den charakteristischen Merkmalen einer echten Migräne.

So erklärt die Medizin heute den Migräneanfall

Es mangelt der modernen Medizin nicht an Erklärungsversuchen des Phänomens Migräne. In den meisten Arztpraxen werden Kopfschmerzpatienten freilich nur kurz und bündig und mit dürren Worten über ihr Gesundheitsproblem »informiert«. Wer wegen Migräne zum ersten Mal in die ärztliche Sprechstunde kommt, hört wahrscheinlich folgendes über die komplizierten Vorgänge im Körper während eines akuten Migräneanfalls: »Machen Sie sich keine Sorgen. Sie leiden bestimmt nur an momentanen Durchblutungsstörungen im Gehirn. Ihre Blutgefäße im Gehirn verkrampfen sich von Zeit zu Zeit unnatürlich, und wenn sie sich wieder entspannen und erweitern, entsteht der klassische Migräneschmerz. Es gibt glücklicherweise inzwischen aber recht gute Medikamente, die auf die Blutgefäße regulierend einwirken. Sie werden sehen, damit bekommen wir Ihre Migräne schnell in den Griff!«

Leider stimmt das so nicht ganz. Es ist aber auch nicht ganz falsch. Daß diese vereinfachte Darstellung – und die entsprechende medizinische Behandlung – dem Migränegeschehen in den allermeisten Fällen nicht gerecht wird, wissen die Betroffenen nur zu gut, die in der Hoffnung auf schnelle Heilung von ihrem Leiden schon von Pontius bis zu Pilatus gelaufen sind. Auch ärztliche »Patentrezepte« gegen die Migräne sind häufig unwirksam oder helfen allenfalls vorübergehend. Das Muster, nach dem ein akuter Migräneanfall verläuft, ist also höchstwahrscheinlich komplizierter, als es sich so manche niedergelassenen Ärztinnen und Ärzte träumen lassen.

In der Tat hat es sich trotz aller fachlichen Fortbildung noch längst nicht bis in jede Arztpraxis herumgesprochen, wie die fortschrittliche medizinische Forschung heute den Migräneanfall erklärt und wo sich Ansatzpunkte zeigen, medizinisch in dieses biochemische Geschehen im Gehirn einzugreifen, es vielleicht sogar bewußt (medikamentös?) unterbrechen zu können.

Nach einer brandneuen Hypothese eines Forscherteams unter Leitung des Neurologen Prof. Dr. Hans-Christoph Diener von der Universitätsklinik Essen sitzt das Zentrum des Migränegeschehens im Hirnstamm. Dort will die Forschungsgruppe mit Hilfe der modernen Positronen-Emissions-Tomographie (PET) einen sogenannten Migränegenerator ausfindig gemacht haben, der den gesamten Ablauf eines Migräneanfalls steuert. Das sehr genaue bildgebende PET-Verfahren ermöglicht es auch, endlich schwarz auf weiß nachzuweisen, welche Veränderungen sich an den Blutgefäßen der verschiedenen Hirnregionen während eines akuten Migräneanfalls und danach abspielen. Prof. Dr. Diener und seine Mitarbeiter fanden heraus, daß die Durchblutung nur des Hirnstamms beim Migräneanfall besonders hoch ist und dies auch nach medikamentös erzielter Beschwerdefreiheit eine Zeitlang anhält. Diese verstärkte Durchblutung löst ihrerseits eine Kettenreaktion der beteiligten Hirnnerven aus und führt schließlich zu einer örtlich und zeitlich begrenzten Entzündung in diesem betroffenen Bereich. Im einzelnen stellt sich danach die Physiologie einer Migräneattacke wie folgt dar.

- Menschen, die zu Migräne neigen, reagieren allgemein besonders empfindlich auf nervöse Reizüberflutung jeder Art (das können z.B. Streß, Freude, Ärger, Angst, Lärm, Gerüche, Wetterwechsel sein). Diese »Trigger« (siehe hierzu auch ›Das Migräne-Puzzle‹ ab S. 39) lösen besondere Streßhormone im Gehirn aus und verändern den normalen Hirnstoffwechsel. Der Migränegenerator im Hirnstamm wird aktiviert, und die Migräne nimmt ihren Lauf.
- Nur die Blutgefäße der Hirnhaut sind schmerzempfindlich. Leitnerv zur Übertragung von Reizstoffen ist der schräg über jede Gesichtshälfte verlaufende Trigeminusnerv. Er signalisiert den Blutgefäßen der Hirnhaut die ersten Schmerzimpulse.
- Daraufhin füllen sich die Blutgefäße übermäßig mit Blut, sie beginnen zu lecken und lassen winzige Entzündungsstoffe in die Blutbahn austreten.
- Diese regionale Entzündung der Hirnhautblutgefäße löst eine spürbare Schmerzreaktion aus – und nur, wenn es gelingt, etwa mit Hilfe von Medikamenten oder wirksamen Selbstentspannungstechniken, die Entzündungsreize zu stoppen und die Durchblutung der Hirngefäße wieder zu normalisieren, läßt auch der typische schlimme Migränekopfschmerz nach.
- Das auch als Schlafhormon bezeichnete Hormon Serotonin spielt beim Migränegeschehen eine entscheidende Rolle. Allerdings dürften auch noch weitere hormonelle Boten-

stoffe mitbeteiligt sein – ihnen ist die medizinische Wissenschaft derzeit noch auf der Spur.[1]

Auch amerikanische Hirnforscher haben einen Beitrag dazu geleistet, das Rätsel der Migräne zu entschlüsseln: Neurochirurgen der Universität Maryland verdächtigen einen kleinen Muskel im hinteren Nackenbereich, der mit der hochempfindlichen Schutzhaut von Rückenmark und Hirnstamm in Verbindung steht, als Überträger von Muskelspannungen das Gehirn zu reizen. Jedenfalls waren Patienten, bei denen dieser Muskel operativ durchtrennt worden war, nach dem Eingriff ihre Migräneanfälle los.[2]

Daß der Hirnstamm in den Ablauf einer Migräneattacke als »Täter« mitverwickelt ist, war Forschern schon länger klar. Wenn sich nämlich im Hirnstamm und auf der Hirnrinde (Cortex) bestimmte Fehlfunktionen abspielen, merken das manche Patientinnen und Patienten als Vorboten der Migräne: Sie bekommen die beschriebenen »Aura«-Symptome. Die Aura *kann* als Vorbotin der Migräne auftreten, sie muß aber nicht erscheinen.

Wie erklärt sich aber das Empfinden vieler Migräneleidender, die eine gewisse Blutleere im Kopf verspüren und dies als allererstes Anzeichen eines bevorstehenden Migräneanfalls kennengelernt haben? Dr. Jes Olesen von der Neurologischen Abteilung der Universität Kopenhagen stellte in einer Studie fest, daß die Hirndurchblutung während der Aura eingeschränkt war – jedoch nur im hinteren Teil des Gehirns. Im selben Tempo, wie sich die Aura weiterentwickelte, nahm aber auch die Durchblutung des vorderen Hirnbereichs (im Frontalhirn) ab.

Sobald nun der Migränekopfschmerz einsetzte, stieg die Durchblutung des vorderen Hirnbereichs übernormal an. Das Frontalhirn wurde durch den Blutandrang sozusagen »überflutet«. Dieser Zustand hielt bei einigen Patienten auch dann noch an, wenn die Migräneschmerzen längst wieder abgeklungen waren. Diese typischen Durchblutungsveränderungen beobachtete Dr. Olesen aber nur auf der Gesichtshälfte, wo die Patienten zuvor die Aura und dann den Migräneschmerz empfunden hatten.

Wahrscheinlich, so folgerte der dänische Wissenschaftler, werden wegen der zeitweisen Mangeldurchblutung eines bestimmten Hirnabschnitts die dafür zuständigen »Schmerzsender« (medizinisch Rezeptoren genannt) aktiviert, die als Reflcx den Migräneschmerz auslösen.

Auch Dr. Norman Tepley und sein Forschungsteam von der Neurologischen Abteilung des Henry Ford Hospitals, Detroit, haben sich als Grundlagenforscher mit der Pathogenese (= Entstehung) der Migräne auseinandergesetzt. Aufgrund ihrer wissenschaftlichen Forschungen kamen sie zu der Überzeugung, daß nicht die Blutgefäße des Gehirns, sondern bestimmte Neuronen, also nervliche Strukturen, innerhalb des Gehirns einen »falschen« Funktionsbefehl erhalten – aus welchen Gründen auch immer. Den Forschern gelang es sogar, die Aktivität von Hirnnerven mit Hilfe eines Neuromagnetometers zu messen. Auf diese Weise konnten tatsächlich Fehlfunktionen der Hirnnerven nachgewiesen werden. Aber erst schmerzauslösende Polypeptide bewirken die typischen Schmerzempfindungen, glauben Tepley und seine Forschungsgruppe.

Auch ein internationaler Kongreß, veranstaltet von der Universität Münster, hatte sich vor einigen Jahren das Ziel gesetzt, den Vorgängen bei einer Migräneattacke einen Schritt weiter auf die Spur zu kommen. Dabei machte die medizinische Forschung zunächst eine Rolle rückwärts: Neuere Forschungen, so Prof. Dr. Karl-Heinz Grotemeyer von der Universität Münster, führten zu einem Phänomen zurück, das schon vor rund 50 Jahren (!) entdeckt worden war. Dieses »Phantom der Medizin« wurde jetzt wiederbelebt: Die Erscheinung heißt wissenschaftlich »spreading depression«. Dabei handelt es sich um eine Welle, die sich mit einer bestimmten Geschwindigkeit im Gehirn ausbreitet und dort die Nervenzellen etwa eine Minute lang blockiert. Dies geschieht nur während eines »klassischen Migräneanfalls«.

Seit kurzem kann die »spreading depression« sogar nachgewiesen werden. Ihre elektrischen Potentiale lassen sich mit Hilfe eines speziellen EEG-Geräts (für die sogenannte Elektro-Enzephalographie, die Hirnstrommessung) messen. Es kann – im Gegensatz zu herkömmlichen EEG-Geräten – auch sehr niedrige elektrische Schwingungen wahrnehmen und aufzeichnen.

Doch warum diese rätselhafte Druckwelle im Gehirn entsteht und weshalb sie so und nicht anders abläuft – darauf bleiben die Wissenschaftler nach wie vor die Antwort schuldig. Es wäre im Interesse aller Migränekranken wünschenswert, daß *alle* diese einzelnen Erkenntnisse eines Tages zu *einem* Ergebnis zusammengefügt werden.

Eines scheint heute jedoch schon festzustehen: Migräneanfälle können heute nicht mehr ausschließlich auf Durchblutungsstörungen im Gehirn zurückgeführt werden.[3] Mitverursachend sind ferner das Fehlen bzw. ein Überschuß bestimmter Botenstoffe (Neurotransmitter) im Gehirn, ein verschobenes Gleichgewicht von Neuropeptiden, diverse nervöse Fehlreaktionen im Zentralnervensystem, hormonelle Fehlsteuerungen, Stoffwechselentgleisungen, Nervenreizungen sowie psychische Belastungen der Patientinnen und Patienten.

Alle diese Störungen spielen beim Zustandekommen eines akuten Migräneanfalls ihre ganz spezielle Rolle. Niemals kann einer dieser Faktoren allein eine akute Migräne auslösen. Wohl aber kann er den Weg zu einem neuerlichen Migräneanfall bereiten, sofern innerhalb einer bestimmten Zeitspanne (das können Minuten, aber auch Stunden sein) weitere sogenannte Migräne-Trigger als Auslösefaktoren hinzukommen und den Teufelskreis im Gehirn in Gang setzen.

Bei jedem Migräneanfall handelt es sich also um ein »vernetztes« Geschehen im Gehirn, bei dem verschiedene migräneauslösende Faktoren nach einem bestimmten individuellen Muster aufeinander- und zusammenwirken. Welche Trigger-Faktoren dies im einzelnen sind und was die Forschung bisher darüber weiß, soll das folgende Kapitel beleuchten.

Bis heute ist es allerdings in einer »normalen« ärztlichen Praxis noch nicht möglich, einen akuten Migräneanfall mit Hilfe von Meßgeräten aufzuzeichnen. Ein einziger biochemischer Hinweis kann auf ein Migräneleiden hindeuten: die Menge des Enzyms Tryptase im Urin ist dann erhöht. Die Betroffenen befinden sich somit weiterhin in Beweisnot, ihrem Arzt oder ihrer Ärztin mit eigenen Worten klarmachen zu müssen, daß sie gerade an Migräne leiden und wie groß die dabei empfundenen Schmerzen sind. Und wie so oft haben wir Betroffenen dabei das ungute Gefühl, daß wir von unserem Gegenüber vielleicht nicht ganz ernstgenommen werden! Spielt da nicht ein gewisses Lächeln um die Lippen, das sagen will: »Nun stellen Sie sich aber mal nicht so an!«?

Dies aber empfinden Migräniker als Kränkung ihres Selbstwertgefühls. Ich persönlich warte geduldig weiter, bis ich eines Tages in einer Arztpraxis vielleicht – o Wunder – ein Gerät finden werde, das meine Migräne, sollte sie jemals wieder auftauchen, in ihrem ganzen Umfang erfaßt und in Form wunderschöner, knallharter Daten und Kurven aufzeichnet. Damit ich meinem Arzt bzw. meiner Ärztin endlich schwarz auf weiß beweisen kann: »Hier sehen Sie selbst, was ich im Augenblick für eine scheußliche Migräne habe. Nun tun Sie bitte etwas dagegen!« Nur Zukunftsmusik …?

Bis es soweit ist, bleibt Migräneleidenden nichts anderes übrig, als sich ihr eigenes Migräne-Puzzle zusammenzusetzen, indem sie sich gleichermaßen aktiv und kritisch mit neuen Forschungsergebnissen, medizinischen Behandlungsmöglichkeiten, natürlicheren Alternativen – und nicht zuletzt mit ihren eigenen Körpererfahrungen auseinandersetzen.

Oder sollte vielleicht doch der Migräneforscher Prof. Dr. Wolf-Dieter Gerber, Leiter des Instituts für Medizinische Psychologie der Universität Kiel, mit seiner spektakulären Hypothese recht haben, der die Migräneanfälle für eine »gesunde Selbstregulation des Gehirns« hält? Auch Gerber vermutet den Ursprung des Migränegeschehens im Hirnstamm. Migränekranke leiden seiner Meinung nach an einer angeborenen Reizverarbeitungsstörung im Bereich des Hirnstamms. Weil der nervliche Energiestoffwechsel bei diesen Menschen eher untertourig arbeitet, muß das Gehirn zum Ausgleich dieses Defizits eine gewisse Überaktivität erzeugen. Prof. Dr. Gerber: »Migränepatienten haben einen Porsche im Kopf.«

Wissenschaftlich stützt Gerber seine These auf Befunde aus kontrollierten EEG-Studien zur Reizverarbeitung. Allem Anschein nach besteht bei Migräneleidenden eine Überaktivierung von hormonellen Botenstoffen (Neurotransmittern, insbesondere noradrenerger Strukturen) im Hirnstamm, die für die Übermittlung von Streßreizen zuständig sind. Im Experiment konnte Gerber nachweisen, daß im Gegensatz zu Gesunden bei Migränikern das Gehirn gegen wiederholte und überflüssige Reize nicht »abstumpft«. Im Gegenteil – die Bandbreite möglicher migräneauslösender Reize wird bei dieser Veranlagung immer umfangreicher. Als Folge dieser Reizüberflutung kommt es zu einem »Zusammenbruch«: Der Migräneanfall, das »Gewitter im Gehirn«, ist damit einer »Entladung« gleichzusetzen. Im Anschluß an den Anfall normalisiert sich die zuvor abnorme Amplitude im Hirnstrombild auch wieder.

Die meisten Migräneleidenden leben laut Gerber ständig an ihrer natürlichen Leistungsgrenze. Schon Kinder seien hyperaktiv – und bekämen deshalb auch in jungen Jahren ihre ersten Migräneanfälle (siehe hierzu auch S. 113).

Weil man es – ob als Kind oder als Erwachsener – bei Migräne nur liegend im Bett aushält, kommt der Körper auf diese Weise innerlich wenigstens für eine Weile zur Ruhe, um sich von der permanenten Hochspannung zu erholen. Über diese natürliche Selbstregulation sollen sich Migräneanfällige daher eher freuen, anstatt gegen ihre Migräne anzukämpfen, meint der Wissenschaftler.

Als Therapie empfiehlt Gerber an Stelle von Medikamenten gegen die Migräne Selbstentspannungstechniken und eine insgesamt ruhigere Lebensweise. Bei seiner eigenen kleinen Tochter will er, sozusagen im familiären Selbstversuch, herausfinden, ob die Anleitung zu mehr Ruhe und Gelassenheit im Leben ihr helfen kann, dem Familienschicksal Migräne doch zu entgehen …[4]

Ich selbst muß zugeben, daß die Theorie des Kieler Migräneforschers gar nicht so abwegig ist, wie sie vielleicht zunächst klingen mag. Auch ich neige von klein auf zu Hyperaktivität, setze mich gern selbst unter Druck und werde erst bei und nach einem Migräneanfall innerlich ruhiger. Und so wie mir ergeht es einer Reihe anderer Frauen, die ständig glauben, sich selbst und anderen beweisen zu müssen, was für ein »Superweib« sie doch sind. Da überaktive Menschen aber nicht von heute auf morgen ihre Lebensweise ändern können, hilft gewiß auch dieser Bevölkerungsgruppe mit erhöhtem persönlichen Migränerisiko das folgende Kapitel ›Das Migräne-Puzzle‹ immerhin zur Selbsterkenntnis weiter.

Das Migräne-Puzzle

Welche Faktoren die Migräneneigung fördern können

In einem Punkt sind sich die Migräneforscher heute einig: Die Veranlagung zur Migräne ist angeboren. Aber erst bestimmte Lebensumstände, eine gewisse innere Bereitschaft zur Migränereaktion sowie ganz bestimmte individuelle Auslösefaktoren, medizinisch Trigger genannt, müssen zusammenwirken, damit Migräne entsteht.

Das heißt auch: Jeder Mensch – ob Mädchen, Junge, Frau oder Mann – hat demnach eine ganz individuelle Migräne. Das legt die Vermutung nahe, daß vermutlich kaum jemals alle Migränekranken therapeutisch über einen Kamm geschoren, also nach derselben Methode und mit denselben Mitteln behandelt und eventuell schmerzfrei gemacht werden können.

Insgesamt kennt die moderne Medizin bis heute über zwanzig Trigger-Faktoren, die nachweislich bei dafür anfälligen Menschen einen akuten Migräneanfall auslösen können.[1] Die wichtigsten von ihnen werden im folgenden beschrieben. Frauen und Männer sowie Kinder sind unterschiedlich empfänglich für diese Trigger und reagieren darum auch unterschiedlich empfindlich darauf.

In den folgenden Abschnitten habe ich kurz zusammengefaßt, was derzeit zum allerneuesten Stand des Wissens gehört. Dieser Kenntnisstand wird von Forschern und Forscherinnen laufend ergänzt und teils auch neu bewertet. Die von mir gewählte Reihenfolge sagt also nichts über die Wichtigkeit aus, die der jeweilige Faktor gerade für die Wissenschaft – oder für Sie als Migräniker bzw. Migränikerin – besitzt.

Vererbung

Die Migräne tritt zwar in manchen Familien häufiger auf als in anderen, doch lassen sich keine Vorausberechnungen anstellen, welche Familienmitglieder in welcher Generation von dem Migräneleiden betroffen sein werden – oder eben nicht.

Einen ersten Hinweis, daß Migräne auch genetisch bedingt ist, lieferte jetzt eine wissenschaftliche Forschungsgruppe vom St. Antoine-Hospital in Paris: Nach Auskunft der leitenden Forscherin Marie-Germaine Bousser wurde ein Gen identifiziert, das eine bestimmte besonders heftige Form des Migräneleidens (mit)auslöst, die sogenannte hemikrane Migräne. So ein schwerer Migräneanfall kann auch (vorübergehende) halbseitige Lähmungen und Bewußtlosigkeit bewirken. Das dafür verantwortliche Gen befindet sich auf dem Chromosom 19, übrigens eines derjenigen, die auch mit der Alzheimer-Krankheit in Verbindung gebracht werden. Noch ist das erste fragliche Migränegen erst geortet, aber bisher nicht isoliert worden. Vermutlich sind sogar noch mehr Gene bei der Migräneneigung mit im Spiel.

Doch die Richtung ist damit klar, die auch in Zunkunft von der Migräneforschung beschritten werden muß: Gene scheinen für nahezu jede Erkrankung des Menschen eine wichtige, wenn nicht sogar entscheidende Rolle zu spielen – auch für die Migräne.

Genauere Erkenntnisse erhoffen sich das Bundesministerium für Bildung, Wissenschaft und Forschung sowie die Deutsche Forschungsgemeinschaft (DFG), die die humane Genomforschung mit einem großangelegten Projekt fördern: Bis zum Jahr 2005 soll die gesamte »genetische Landkarte« des Menschen entschlüsselt und genau aufgezeichnet worden sein. An diesem Großforschungsauftrag arbeiten derzeit in

Deutschland das um den Fachbereich Genomforschung erweiterte Deutsche Krebsforschungszentrum in Heidelberg und das Berliner Max-Delbrück-Centrum für Molekulare Medizin. Unterstützt wird das ehrgeizige Forschungsvorhaben von der Max-Planck-Gesellschaft und der Industrie.

Ob auch die Migränepatienten eines Tages von der Genforschung profitieren können, wird sich zeigen. Einen Gentest, mit dessen Hilfe man eine erbliche Veranlagung zur Migräne nachweisen könnte, gibt es bisher – und auch in naher Zukunft – aber nicht.[2]

Dennoch dürfte es vielen Migräneleidenden bekannt sein, ob in ihrer Verwandtschaft die Migräne ein verbreitetes »Erbe« ist: Prof. Dr. med. Hans-Christoph Diener von der Universitätsklinik Essen weist jedoch darauf hin, daß 45 bis 60 Prozent aller Migränepatienten auf ausdrückliches Befragen hin angeben, daß auch andere Familienangehörige mehr oder weniger heftig unter Migräne leiden bzw. gelitten haben. Dagegen berichteten nur etwa 18 bis 20 Prozent der Patienten mit Spannungskopfschmerzen von ähnlichen Beschwerden innerhalb ihrer Familie.

Im einzelnen sieht nach Diener die familiäre Migränestatistik so aus:

- bei 40 bis 50 Prozent der Migränekranken leidet auch die Mutter an Migräne,
- bei 12 bis 17 Prozent ist der Vater Migräniker,
- bei 17 Prozent ist auch eine Schwester betroffen,
- bei 12 Prozent ein Bruder.[3]
- Auch bei Zwillingen tritt die Migräne oft paarweise auf (was bestimmt kein Zufall ist).

Da häufig Mutter und Tochter unter Migräne leiden, lag der Verdacht nahe, daß es sich dabei um eine vererbte Migräneveranlagung oder auch um ein weibliches Hormonproblem handeln müsse (siehe auch ›Hormone‹ ab S. 59).

So einfach funktioniert dieses Schema jedoch nicht. In der gemeinsamen Migräne von Mutter und Tochter kann sich auch ein unterschwelliger Generationenkonflikt ausdrücken. So beschreiben etwa Christa Borsalino und Margaret Minker im ›Handbuch Frau, Bd. 2, Gesund leben‹ die Migräne als somatisierte Auseinandersetzung zwischen Mutter und Tochter. Psychoanalytisch gesehen, leidet die Mutter demnach unter ihrer »im Kopf steckengebliebenen« Revolte gegen die traditionelle Frauen- und Mutterrolle, die ihr abverlangt, »nie den Kopf zu verlieren und nie ihre tiefsten Gefühle von Zorn, Wut, Ohnmacht und Aggression sichtbar werden zu lassen«.[4] Oft verdrängt die Mutter auch, daß sie insgeheim gegen dieses überkommene Frauenbild aufbegehrt. Die Folge: wiederum erhöhte Migränebereitschaft. Sie hält also ihre Lebensrolle als Lebenslüge »im Kopf nicht aus«.

Die Tochter hingegen hat es angesichts der migräneleidenden Mutter schwer, dieser »Macht der Schwachen« die eigene Stärke entgegenzusetzen: Mutter muß ja geschont werden und darf sich nicht aufregen! Oft hegt die Tochter schließlich (unausgelebte) Gefühle der Feindseligkeit gegen ihre Mutter, die sich bis zur Selbstaufgabe für die Familie »opfert«, obwohl sie von so heftiger Migräne geplagt wird.

Weniger eine vererbte Veranlagung zur Migräne, sondern unter Umständen durchaus vitale Haßgefühle gegen die Mutter, die von Angst und Schuldgefühlen überlagert werden, bereiten der Tochter dann ebenfalls Kopfschmerzen. Im Migräneanfall von Mutter und Tochter »platzen die Emotionen dann sozusagen nach innen auf«, meinen Borsalino und Minker.

Nach einem modernen Migräneschema, das Prof. Dr. D. Soyka, Direktor der Neurologischen Universität Kiel, aufgestellt hat, kommen höchstwahrscheinlich zwei Voraussetzungen als Grundbedingungen für das Entstehen einer Migräneneigung zusammen:

- eine erblich bedingte Veranlagung und
- ein bestimmtes Reaktionsmuster, das als Verhalten antrainiert bzw. von Vorbildern innerhalb der Familie übernommen wird.[5]

Sie führen aber erst dann einen akuten Migräneanfall herbei, wenn bestimmte Auslösefaktoren (Trigger) hinzukommen. Die Migräne ist also kein »angeborenes biologisches Durcheinander im Kopf«. Prof. Dr. Wolf-Dieter Gerber, Direktor des Instituts für Medizinische Psychologie der Universität Kiel, drückt es ganz somatisch (= körperlich) aus: »Angeboren ist wahrscheinlich nur die Bereitschaft, mit der der Hirnstamm auf eine ganz bestimmte Problematik reagiert – zum Beispiel auf Streß.«[6]

Demnach wären also manche Menschen von der Veranlagung her eigentlich Migräniker, sie werden jedoch niemals im Leben auch nur von einem einzigen Migräneanfall heimgesucht.[7] Sie haben offenbar die wunderbare Fähigkeit, schmerzauslösende Trigger entweder gar nicht wahrzunehmen oder diese psychisch so »abzufedern«, daß sie dem Körper nicht nachteilig zusetzen.

An genau diesem Punkt, eine gewisse innere Gelassenheit zu trainieren, setzen auch Streßbewältigungsübungen und Selbstentspannungstechniken wie z.B. autogenes Training, Yoga, Biofeedback oder Eutonie zur Überwindung der Migräne an (siehe ab S. 157). Die Patienten und Patientinnen lernen dabei u.a. auch, ihre ganz persönliche Frustrationstoleranz mit der Zeit zu erhöhen. Es bringt sie dann so schnell nichts mehr aus der inneren Ruhe. Und das ist auch nach meiner Erfahrung eine gute Basis, der Migräne vorzubeugen.

Persönlichkeit

Seit einiger Zeit versuchen Forscher herauszufinden, ob es eine sogenannte Migränepersönlichkeit (oder vielleicht sogar mehrere davon) gibt. Als erster arbeitete 1937 der Arzt H.G. Wolff auf diesem Gebiet.[8] Bei einer Gruppe von freilich nur 46 Migränekranken fand er die folgenden hervorstechenden persönlichen Eigenschaften:

- starken Ehrgeiz,
- ausgeprägtes Erfolgs- und Leistungsstreben,
- Perfektionismus,
- besondere Ordentlichkeit,
- Sparsamkeit.

Daneben fielen ihm in dieser Gruppe auf:

- Abhängigkeit von den Eltern,
- Unsicherheit in der Aufnahme sozialer, vor allem aber sexueller Kontakte,
- formelle Höflichkeit in Gesellschaft,
- jedoch gleichzeitig oft versteckte Aggressivität: Diese Menschen konnten Kritik besonders schlecht vertragen.

Mit Wolffs Beobachtungen wurde die Psychoanalyse als »Mutter aller Erklärungsversuche« auf den Plan gerufen. Die Psychoanalytikerin Frieda Fromm-Reichmann, die zur selben Zeit wie Wolff an der Entschlüsselung des Psycho-Puzzles Migräne arbeitete, deutete die einseitigen Kopfschmerz-Attacken als

- körperlichen Ausdruck verdrängter, unbewußter Feindseligkeit gegenüber »eigentlich« geliebten Personen, meist aus dem engsten Familienkreis.[9]

Solche feindseligen Gefühle, die – wie wir heute sagen – »aus dem Bauch kommen«, könnten laut Fromm-Reichmann bei

Migränekranken aber vom Verstand her, »vom Kopf« also, nicht zugelassen werden. Aus Scham und Angst vor dem Ausschluß aus der Familie würden sie vielmehr unterdrückt und verdrängt. Gleichzeitig träten mehr oder weniger heftige Schuldgefühle auf. Frieda Fromm-Reichmann folgerte daraus:

- Der Migräneanfall ist Ausdruck einer (wenn auch unbewußten) Selbstbestrafung für die verbotenen Aggressionen, zum Beispiel gegenüber Vater und Mutter.

Auch die Psychotherapeutin Melitta Sperling veröffentlichte 1952 und 1964 ganz ähnliche Theorien über das unbewußte, verdrängte Aggressionspotential von Migränekranken. Sie typisierte Migräniker folgendermaßen:

- sie könnten wenig Frustrationen aushalten, und
- sie seien gegenüber der kleinsten Ungerechtigkeit hochempfindlich.

Im Klartext: Migräneanfällige sind demnach Sensibelchen, die Kränkungen eigentlich schlecht ertragen können, diese Gefühle aber nicht ausleben, sondern vom Verstand und von der Vernunft her unterdrücken – und sich dafür auch noch bestrafen (mit einem Migräneanfall nämlich).

Melitta Sperling verglich die Migräniker außerdem mit Depressiven, die ihres Erachtens ganz ähnliche psychische Reaktionsmuster aufwiesen. Das ist insofern interessant – und sollte sicher noch genauer erforscht werden –, als auch Depressive weitaus häufiger weiblichen als männlichen Geschlechts sind.[10]

Die Psychologin Corinna Paar von der Universitätsklinik Köln beobachtete für eine Studie 21 sogenannte »Migränefamilien« und kam danach ebenfalls zu der Schlußfolgerung, daß Migränepatienten häufig unter existentiellen Ängsten litten und darum besonders leicht kränkbar seien. Insgesamt präge ein eher pessimistisches Weltbild die Grundstimmung von Migränekranken: Gefühle wie Bedrohung, Verlust, Leid und Gefahr beherrschten ihre Einstellung zum Leben. Viele Betroffene zeichneten sich darüber hinaus durch betonte Ordentlichkeit, Leistungsbereitschaft, Streben nach Harmonie und Sorge um andere Familienmitglieder aus, glaubt die Kölner Psychologin.[11] Führt das Phänomen einer besonders negativen Erwartungshaltung, jederzeit mit dem Schlimmsten rechnen zu müssen, im Ausland auch als typisch neudeutsche Eigenheit »the German Angst« benannt, vielleicht direkt in eine krankhafte »Kopflastigkeit« der Gefühle, nämlich zur Migräne? Ein wirklich neuer Aspekt in der Diskussion über die ganz persönlichen Eigenschaften bzw. Eigenheiten von Migränekranken!

Eine neue Runde im Wissenschaftsstreit um die sogenannte Migränepersönlichkeit hat 1991 Michael L. Schäfer eingeläutet, der das »Konzept des Typus migraenicus als empirischer Beitrag zur psychiatrischen Persönlichkeitsforschung« entwarf.[12] Demnach »unterscheiden sich Migränekranke… in ihrer Persönlichkeit von Normalpersonen, Neurotikern, Patienten mit psychosomatischen Erkrankungen sowie von Patienten mit anderweitigen Schmerzsyndromen«. Migräniker fänden sich zwar seelisch schwer mit Kränkungen ihres Ichs ab. Sie weisen aber im Vergleich zu anderen Menschen, die nicht an Migräne leiden, eine auffällige »soziale Geborgenheit« sowie ein ebenfalls auffälliges Leistungsdenken und -handeln auf:

- Migräniker sind von allen Vergleichsgruppen am häufigsten verheiratet. Auffallend viele zuvor alleinlebende Migräniker verheiraten sich (wieder) oder leben in einer festen Partnerschaft.
- Migränekranke haben eine hohe Arbeitsmoral: Sie arbeiten zwar täglich nicht länger als migränefreie Mitmenschen,

sie unterbrechen aber wesentlich seltener als andere ihre berufliche Tätigkeit wegen Krankheit.

Migränekranke »haben« also nichts davon, krank zu sein, meint Schäfer: »Dieses unverminderte Festhalten an der eigenen Leistungsnorm trotz erheblicher subjektiver gesundheitlicher Beeinträchtigung läßt sich unschwer als Ausdruck ihrer Typus-migraenicus-Struktur auffassen und spricht eindeutig gegen das Vorhandensein eines neurotischen Strebens nach Krankheitsgewinn.« Na bitte, da haben wir es schwarz auf weiß: Wir arbeiten gern und viel, und zwar ungeachtet unserer Migräne! Das ist freilich eine ziemliche Zumutung an unseren Körper und läßt in mir den Verdacht aufkeimen: Vielleicht erhoffen wir uns mit diesem peniblen Pflichtbewußtsein ja auch eine besondere Anerkennung von außen, etwa von unseren Chefs oder von unseren Lebenspartnern bzw. von der ganzen Familie? Ein vertracktes Dilemma: Kränkungen (Kritik) machen Migräniker krank; Leistung (trotz Krankheit) soll die Anerkennung und Liebe zurückgewinnen – und damit auch die Gesundheit. Viele von uns wissen jedoch, daß diese Rechnung meist nicht aufgeht. Die nächste Migräne kommt bestimmt ...

Michael L. Schäfer rückt uns Migränekranke außerdem in beängstigende Nähe zu den Neurotikern – selbst wenn er das zunächst abstreitet. Diese zeigten nämlich »ein erhöhtes Ausmaß an Tätigkeitsdrang, Hemmung der Aggressions- und Ärgeräußerung sowie an Unfähigkeit, unangemessene fremde Forderungen zurückzuweisen und damit insoweit ein Vorhandensein von Typus-migraenicus-Eigenschaften«.[13]

In der Tat: Auch ich habe Schwierigkeiten, jemandem etwas abzuschlagen. Oft lasse ich mich selbst dann zur Hilfe erweichen, wenn ich eigentlich einen Termin einhalten oder auf meinen Nachtschlaf achten müßte. In meinem Kopf aber tickt dann die Zeitbombe Streßabwehr: Es kann schon sein, daß ich nach einem anstrengenden Gespräch mit einer Freundin oder Bekannten, die Kummer hat, eine Migräneattacke erleide. Ich habe mir dann wohl für sie den Kopf zerbrochen ... Die Frage nach einer »Migränepersönlichkeit« ist jedoch noch längst nicht entschieden.

Wie zu vielen wissenschaftlichen Untersuchungen gab es auch zu dieser eine Gegenstudie, in der die »typische Migränepersönlichkeit« nicht bestätigt werden konnte.[14] Betonten Ehrgeiz, Ordnungsliebe und Unbeugsamkeit – diese Eigenschaften fanden Dr. Dr. Thomas Köhler und seine Arbeitsgruppe von der Universität Hamburg zwar überzufällig häufig in bestimmten Personen als »Typus« vereinigt. Jedoch eben gerade nicht bei Migränikern und Migränikerinnen! Die überaus Ehrgeizigen, Ordnungsliebenden und Starrköpfigen scheinen sogar besonders wenig Migräne zu haben, fanden die Hamburger Psychologen heraus. Vor vier Jahren waren die sonst eher den Migränekranken unterstellten Persönlichkeitseigenschaften im Rahmen einer Untersuchung bei Hamburger Studierenden überprüft worden. Vor kurzem entschloß sich das Psychologische Institut III der Universität Hamburg zu einer Neuauflage des wissenschaftlichen Versuchs. Diesmal wurden Mitarbeiterinnen und Mitarbeiter der Oberpostdirektion Hamburg, später auch des Norddeutschen Rundfunks Hamburg, in die Studie einbezogen. Die Probanden hatten einen Kopfschmerz- und einen Persönlichkeitsfragebogen auszufüllen. Diesem Streß unterzogen sich immerhin 92 Prozent (!) der Postangestellten freiwillig; von den Rundfunk-Leuten dagegen kam nur knapp jeder zweite (47 Prozent) dieser Aufforderung nach.

75 Migränekranke im Postdienst und 82 beim NDR hatten von den im Fragebogen gestellten drei Fragen nach anfallartig auftretenden Kopfschmerzen, nach deren Einseitigkeit und

nach vorausgehenden (Seh-)Störungen jeweils zwei mit Ja beantwortet. Ihnen wurde eine Vergleichsgruppe gegenübergestellt, die nach Geschlecht, Alter, Schulbildung, Vergütungsgruppe (!) und Laufbahn vergleichbar, jedoch migränefrei war. Den Persönlichkeitsfragebogen hatten alle Befragten zu beantworten.

Das Ergebnis ist im Prinzip eine Niederlage für alle, die an der sogenannten Migränepersönlichkeit herumforschen: Es fand sich nämlich keinerlei Hinweis auf irgendeine typische Übereinstimmung in der Persönlichkeit von Migränekranken. Im Gegenteil: Alle Merkmale, die sonst so gern den Migränikern unterstellt werden (nämlich Ehrgeiz, Ordnungsliebe, Rigidität), fanden sich auffallend häufig bei den Nicht-Migränekranken vereint. Höhnisch kommentierte die Ärztezeitung ›Medical Tribune‹: »Wenn man überhaupt von einem ›Typus‹ sprechen kann, dann nur von dem des ehrgeizigen, ordnungssinnigen und rigiden Postlers ohne plagenden Migränekopfschmerz.«[15]

Was läßt sich aus diesen widersprüchlichen Befunden schließen? Den »klassischen Migränetyp« gibt es nicht, und damit auch keine Schablone, in die sich die Persönlichkeit von Migränekranken pressen ließe. Glücklicherweise – denn ein solches Etikett würde quasi wieder uns die Schuld zuschieben. Von den fatalen Heilungschancen ganz zu schweigen, denn wer könnte schon seine ganze Persönlichkeit umkrempeln, um endlich schmerzfrei zu werden? Unverdrossen hält die Wissenschaft dennoch immer wieder nach solchen Normen Ausschau, die gerade dem individuellen und vielschichtigen Charakter der Migräne – die immer psychische *und* körperliche Ursachen hat – nicht gerecht wird.

Durchaus lohnend scheint es dagegen, typische Eigenschaften, Einstellungen und Verhaltensweisen (selbst-)kritisch unter die Lupe zu nehmen, die Forschern und Ärzten immer wieder an Migränekranken aufgefallen sind. Vielleicht trifft das eine oder andere auch für Sie zu? Dann haben Sie die Möglichkeit, das Übel bei der Wurzel zu packen und einzelne neuralgische Punkte gezielt anzugehen.

Psyche

In der Psychosomatik, also der Lehre von den seelisch-geistigen Zusammenhängen körperlicher Erkrankungen, wirft man schon lange ein Auge auf die psychischen Begleitumstände der Migräne. Ob Kopfschmerzen allgemeiner Art oder speziell die Migräne – das macht aus dem Blickwinkel der Psychosomatiker keinen allzu großen Unterschied.

Warum und worüber sich manche Menschen so sehr »den Kopf zerbrechen«, daß sie ernsthaft erkranken, hat Psychosomatiker zu verschiedenen Deutungen herausgefordert. In ihrem Buch ›Krankheit als Weg – Deutung und Be-Deutung der Krankheitsbilder‹ setzen sich die Psychologen Thorwald Dethlefsen und Rüdiger Dahlke mit der »Kopflastigkeit« vieler Menschen auseinander: Insbesondere diejenigen, die sich einem besonders hohen Leistungsdruck aussetzen, wollten oft »mit dem Kopf durch die Wand« und könnten dabei wohl kaum einen »kühlen Kopf« behalten … Lieber riskierten sie »Kopf und Kragen«, als sich auf ihrem Weg nach oben »kopfwärts« behindern zu lassen, auch auf die Gefahr hin, daß sie dabei, berauscht von Erfolg und Macht, »den Kopf verlieren«.[16]

Gerät erst einmal das Gleichgewicht von Gefühl und Verstand aus der Ordnung, so sind psychosomatische Beschwerden fast zwangsläufig die Folge, wissen die Seelenforscher und inzwischen auch eine wachsende Zahl von Ärztinnen und Ärzten. Dominiert der Kopf als Sitz des Verstandes und oberste Instanz, so vernachlässigen viele Menschen das Unten, ihren Leib, den Bauch – aus dem eher unkontrolliert die Gefühle aufsteigen und dem Verstand widersprechen.

Kopfschmerzen und Migräne deuten Dethlefsen und Dahlke daher als Ausdruck fehlgeleiteter, gestauter (sexueller) Energie und blockierter Aktivität. Die Autoren sind auch der Meinung, daß ein Migräneanfall »ein Orgasmus im Kopf« sei, der nur »auf höherer Ebene« passiert.[17] Der Kopf schaffe sich demnach Erleichterungen für das, was der Unterleib nicht leisten könne. Viele Migräniker, so diese Psychologen, seien auch leibwärts »verklemmt«, »unten zu« – was auch die bei Migräne oft beobachteten Verdauungsstörungen wie z.B. Verstopfung psychosomatisch erkläre.

Andererseits: Manche Migränepatienten haben praktisch nie Verstopfung, leiden hingegen im akuten Anfall auch unter akutem Durchfall. Auf sie trifft das alles also wohl kaum zu. Darüber hinaus ist der Vergleich zwischen einem lustvollen Orgasmus und dem höllischen Migräneschmerz mehr als fragwürdig!

Wie sich Perfektionisten unter den Migräneleidenden selbst erkennen können, hat der Psychologe David D. Burns zusammengestellt. Motto ihrer fast übermenschlichen Lebensanstrengung, die dann nahezu zwangsläufig in Migräne mündet: »Jeder Fehler ist für mich eine Bedrohung.« Migräneanfällige Perfektionisten denken seines Erachtens u.a. folgendermaßen:

- Wenn ich nicht die höchsten Anforderungen an mich selbst stelle, laufe ich Gefahr, in Mittelmäßigkeit abzusinken.
- Wenn mir ein Fehler unterläuft, werden die Leute wahrscheinlich weniger von mir halten als jetzt.
- Wenn ich etwas nicht wirklich gut machen kann, dann hat es keinen Sinn, es überhaupt zu tun.
- Es ist eine Schande für mich, Schwächen zu zeigen und mich kindisch zu verhalten.

- Wenn mir etwas Wichtiges nicht gelingt, dann ist das ein Zeichen von Minderwertigkeit.
- Wenn ich mich selbst tadele, weil ich meine eigenen Erwartungen nicht erfüllt habe, wird das eine Hilfe für bessere Leistungen in der Zukunft sein.[18]

Meines Erachtens sind diese Fragen durchaus des Nachdenkens wert. Wer sich in Sätzen wie diesen wiedererkennt, kann vielleicht einen ersten Schritt zur Bewältigung (auch) des eigenen Migräneproblems tun; indem er oder sie die persönlichen Leistungsansprüche kritisch überprüft und Wege zu einem positiveren Selbstwertgefühl sucht. In Entspannungsübungen können Sie sehr gut Distanz zum Alltag und auch zu den eigenen überzogenen Anforderungen finden (siehe S. 168). Dieses Ruhen in sich selbst ist sogar eine der wichtigsten Voraussetzungen, die Migräne sozusagen überflüssig zu machen.

Auch übersteigerte Aktivität ist übrigens mitunter »nur« der Ausdruck ständigen Leistungsdenkens. Wissenschaftlich wurde festgestellt: Migränekranke wären meist gern *noch* aktiver, als sie ohnehin schon sind.[19] Ihre Migräne wirkt sich nur immer wieder als »natürlicher« Bremsklotz aus. Vielleicht stellt sie ja, so teuflisch schmerzhaft und unangenehm, so unwillkommen und verhaßt sie auch immer sein mag, eine Art Selbstschutzfunktion des Körpers dar. Die Psyche zieht dann die Notbremse, wenn Körper und Verstand (außen vor bleibt die Vernunft!) wieder einmal über die natürliche Leistungsfähigkeit hinauswollen.

Die Kopflastigkeit vieler Migräneanfälliger betont auch der Münchener Psychosomatiker Dr. Rainer Schors: »Kopfschmerz- bzw. Migränepatienten denken gern, arbeiten und verarbeiten mit dem Kopf.« Schors stellte außerdem fest, daß Migräniker mit Enttäuschung und Verlusten insgesamt schwerer fertigwerden als der Durchschnitt – und auf solche Erlebnisse häufig mit Migräne reagieren: Was die Seele kränke, so Schors, drücke schließlich der Körper aus. Dabei handle es sich um ein »organisches Entgegenkommen«: also eine Bereitschaft des Hirnorgans und seiner Blutgefäße, auf Seelenschmerz mit Kopfschmerz zu reagieren.

Ein besonders gutes Beispiel dafür ist die Wochenendmigräne: »Die Betroffenen müssen versuchen, die Zusammenhänge zu verstehen. Wenn ich zum Beispiel immer am Wochenende Migräne bekomme, wenn doch eigentlich Zeit wäre für mich selbst und meinen Partner, dann kann eine Psychotherapie mir helfen, herauszufinden: Was will ich denn eigentlich *nicht*? Wovor habe ich Angst?«

Andererseits: (Kopf-)Schmerzen und andere Krankheitssymptome schützen ja auch vor etwas, erklärt der Münchener Arzt; zum Beispiel vor einer längst fälligen Auseinandersetzung, vor angstvoll erwarteter Sexualität, vor unerwünschtem Besuch ... Deshalb sei es unverzichtbar, daß Kopfschmerz- bzw. Migränepatienten sich nicht nur passiv ärztlich behandeln lassen, sondern selbst aktiv etwas in ihrem Leben verändern. Sobald die Botschaft des Körpers einmal verstanden werde, hätten auch die Kopfschmerzen bzw. die Migräne ihren Sinn verloren – und könnten aufhören.[20]

Diese Schlußfolgerung bietet die psychosomatische Medizin immer wieder an für die unterschiedlichsten, psychisch (mit)bedingten körperlichen Leiden. Wenn es nur so einfach wäre!

Ich selbst bekam früher, als wir noch in München lebten, beinahe regelmäßig am Wochenende »meine« Migräne. Kein Wunder – so dachte ich bald selbst –, denn wir »mußten« mit unserer kleinen Tochter immer in den Bergen wandern. Dies war der größte Wunsch meines Mannes. Doch mir hing das Ritual nach einiger Zeit buchstäblich zum Hals heraus. Wie froh war ich da, als wir endlich nach Hamburg zogen – weit weg von den Bergen. Nun hätte eigentlich meine Abwehrmigräne »ihren Sinn verloren«, wie die Psychosomatiker meinen. Doch in Wahrheit hatte ich nur wenige Monate wirklich Ruhe davon. Dann wehrte sich mein Körper gegen das nördlich-rauhe Klima. Ich vertrug den ständigen Wind nicht. (In München hatte mir der warme Föhnwind dagegen gar nichts ausgemacht.) Fortan bekam ich bei kaltem Nord-Nordostwind eine weitaus heftigere Migräne, als ich sie in den Bergen je verspürt hatte – und mußte mich aufs neue auf die Suche nach der eigentlichen Ursache meiner Anfälligkeit für Migräne machen.

Mit im Spiel ist dic Seele bei der Migräne gewiß immer. Sie zeigt leider nur nicht genauer an, was die eigentliche Ursache des Übels ist. Andererseits handelt es sich bei der Migräne auch um eine organische Krankheit, bei der bestimmte Hirn- und Gefäßfunktionen, oft sogar verursacht durch fehlgesteuerte hormonelle Abläufe, gestört sind. Gelingt es, diese Funktionen wieder zu normalisieren, so kann auch die Migräne wegbleiben – selbst wenn die Psyche in der Behandlung nicht die wichtigste Rolle spielte.

Eine pauschale Diagnose, ihre Migräne sei »psychisch bedingt«, wird den betroffenen Migränikern daher im konkreten Einzelfall kaum weiterhelfen. Nur ein geduldiges Zusammensetzen der Steine des höchstpersönlichen Migräne-Puzzles und eine danach ausgerichtete individuelle Therapie bietet die Chance, dem schmerzhaften Problem auf Dauer abzuhelfen.

Geschlecht

Das Wort Geschlecht hat eine doppelte Bedeutung: Es bezeichnet, ob ein Mensch im Laufe seiner vorgeburtlichen und seiner weiteren Entwicklung dem weiblichen oder männlichen Geschlecht (Sexus) zugeordnet wird.[21] Geschlecht steht aber auch als Synonym für die Sexualität jeder Person. Hier geht es zunächst um die Rolle, welche die Migräne bei beiden Geschlechtern spielt.

Mindestens dreimal mehr Frauen als Männer sind von Migräne betroffen. Insgesamt werden wenigstens 15 Prozent aller Frauen und 5 Prozent aller Männer mehr oder weniger regelmäßig von Migräneanfällen geplagt. Dabei macht die Migräne keine sozialen und kulturellen Unterschiede zwischen arm und reich, ungebildet oder hochgebildet. Die Migräne kommt in allen Kontinenten bei allen Völkern und Rassen vor – und zwar in weitgehend gleicher Verteilung innerhalb der Bevölkerung. Das haben neueste epidemiologische Studien ergeben – und räumen dadurch mit manchen Vorurteilen über die Migräne auf.[22]

Früher galt die Migräne dagegen als klassisches Frauenleiden. Wenn sich eine Dame leidend mit Migräne ins Schlafgemach zurückzog, war das eine passable (und akzeptierte) Entschuldigung für Unpäßlichkeit – und galt eben als »typisch weiblich«.

Aus dem 18. und 19. Jahrhundert – Zeiten großer sozialer Unterschiede in der Bevölkerung – hat sich auch das Vorurteil erhalten, Migräne sei vor allem eine Krankheit höherer sozialer Schichten. Es geisterte bedauerlicherweise bis in die neuere Zeit durch die Lehrbücher. So hieß es noch 1952 in der 9. Auflage von Robert Bings vielzitiertem ›Lehrbuch der Nervenkrankheiten‹ über die Migräne: »... ein besonders in den höheren Gesellschaftsschichten überaus häufiges Leiden, das in ganz überwiegender Weise Frauen befällt.«[23]

Allerdings: Ein einfaches Bauernmädchen oder eine gestandene Bauers- oder Bürgersfrau konnten es sich meist nicht leisten, ihre sicher genauso vorhandenen Kopfschmerzen in Ruhe auszukurieren. Ihnen fehlten oft auch die Mittel, deshalb einen Arzt aufzusuchen. Wie oft diese Frauen damals

Migräne hatten, wissen wir also nicht. Wo schwere Arbeit, Armut, Hunger, Krankheit zum alltäglichen Leben gehörten, war Migräne jedoch sicherlich noch viel schwerer zu ertragen als unter den vergleichsweise besseren Lebensbedingungen in den Adels- und Großbürgerhäusern.

In einem Punkt hatten die Heilkundigen auch früher schon recht: Die Migräne tritt bei Frauen buchstäblich regelmäßig auf, und zwar oft in unmittelbarem Zusammenhang mit dem Verlauf des Monatszyklus. Darum wurde die Migräne auch von jeher mit Erkrankungen der weiblichen Geschlechtsorgane in Verbindung gebracht. Von der Antike bis ins 19. Jahrhundert galt die Gebärmutter als Zentralorgan der Weiblichkeit; in ihrer veränderten Lage vermutete man die Ursache vieler Beschwerden. Nach Ansicht des griechischen Arztes Hippokrates (um 460 – 375 v. Chr.) wanderte sie sogar freischwebend im Leib der Frau umher, ja sie konnte »Leber und Herz anhangen oder der Frau zu Kopfe steigen« – also Migräne verursachen.[24] Daß der bedauernswerten Frau ob solchen Ungemachs die Sinne schwanden und daß ihr schier der Kopf zu bersten drohte, schien bei dem damaligen verqueren Anatomieverständnis kaum verwunderlich!

Im ärztlichen Nachschlagewerk ›Die Frau als Hausärztin‹[25] heißt es noch um die Jahrhundertwende unter dem Stichwort Migräne: »… oft ist eine Rückwärtsknickung der Gebärmutter die Ursache schwerer Migräne, ein anderes Mal sind es Gärungsvorgänge im Darm, Erzeugung von Selbstgiften. Anstrengende geistige Arbeit, zu häufiger geschlechtlicher Verkehr können Heilung verhindern.« Eine Frau blieb also am besten ungebildet und hielt sich von schädlichem Sex fern; dann war sie auch gegen ihre Migräne gefeit. Ein ganz anderer Denkansatz also als z.B. die »Orgasmus im Kopf«-Migränetheorie (siehe S. 51)!

Warum mehr Frauen als Männer an Migräne leiden, wird

in der modernen medizinischen und psychologischen Forschung so begründet:

- *Hormonelle Schwankungen* während des Monatszyklus wirken sich bei vielen Frauen als Trigger der Migräne aus. Kurz vor der Monatsblutung bekommen mehr Frauen Migräneanfälle als nach der Menstruation und bis zur Zyklusmitte. Sie können dann ein Zeichen für das Prämenstruelle Syndrom (PMS) sein. Auch während der Monatsblutung selbst leiden viele Frauen unter Migräne. Das gleiche gilt für andere Phasen weiblicher Hormonveränderungen: z.B. in der Pubertät bei jungen Mädchen, während einer Schwangerschaft oder in den Wechseljahren.
- *Psychologische Faktoren* spielen insbesondere bei Frauen eine erhebliche Rolle, die sich permanent selbst unter Leistungsstreß stellen oder die mit ihrer Doppel- und Mehrfachbelastung im Beruf und zu Hause, mit Partner und Kindern schlecht zurechtkommen. Oft bleibt viel zuwenig Zeit, um zum eigenen Ich zu finden und die persönlichen Wünsche und Rechte anderen gegenüber durchzusetzen. Als letzten Ausweg aus dieser verfahrenen Situation »flüchten« sich gerade Frauen, denen dieses Dilemma durchaus bewußt ist, häufig in eine Krankheit. Ein »Erfolgsorgan« für solche Botschaften aus dem Bauch ist der Kopf: Er bekommt Migräne und setzt die Leidende so wenigstens für ein paar Stunden, mitunter auch für Tage außer Gefecht. Die meisten Frauen wissen auch ganz genau, womit sie sich in der Zeit vor der Migräneattacke besonders aufgerieben haben – und sind im Grunde ihres Herzens oft sogar dankbar, daß sie sich nun mit gutem Grund für eine Weile zurückziehen dürfen.

In ihrem Buch ›Das Superfrauen-Syndrom‹ beschreiben Claudia Bepko und Jo-Ann Krestan eindrucksvoll, wie sich

Frauen heute unter den hohen Kodex (angeblich) weiblicher Pflichten begeben und sich dabei leicht mit »Über-Verantwortlichkeit« übernehmen.[26] Die amerikanischen Autorinnen plädieren dafür, endlich Schluß mit dem Bemuttern zu machen und aus der (Über-)Verantwortlichkeits-Tretmühle auszubrechen, um zum Prinzip der Lebensfreude und der lustvollen Intuition zurückzufinden.

Migräne ist auch oft der hohe Preis, den »Helfer-Typen« zahlen, wenn sie ihrer Neigung allzu leidenschaftlich nachgeben. Carmen R. Berry legt in ihrem Buch ›Die Erlöser-Falle. Lust und Frust der Helfer-Typen‹ den Finger in die Wunde: Frauen unterliegen allzu leicht dem Zwang, es allen recht machen zu wollen und sich in scheinbar freiwilliger Hilfsbereitschaft als Problemlöserinnen für alle Widrigkeiten des Lebens anzubieten (um daraus natürlich auch Lustgewinn zu ziehen).

Dazu Berry: »Der Erlöser hört auf, wenn er umfällt. Elizabeths Arbeitswoche hatte nahezu sechzig Stunden... Erlöser bürden sich unweigerlich viel mehr auf, als irgend jemand leisten kann. Ich habe schon von so vielen Erlösern die Beschwerde gehört, der Tag habe einfach nicht genug Stunden, was nur heißt, daß sie sich mehr aufgeladen haben, als sie bewältigen können. Erlöser versuchen dauernd verzweifelt, ihre menschlichen Begrenzungen zu durchbrechen. Es würde ihnen unglaublich gut gefallen, Götter mit unbegrenzten Möglichkeiten zu sein. Warum? Weil sie dann vielleicht so viel leisten könnten, daß sie Seelenruhe, ein Selbstwertgefühl und das Recht, geliebt zu werden, verdienen würden...«[27]

Und das gilt natürlich, als typisch weibliches Rollenverhalten, erst recht für Erlöserinnen. Oder fällt Ihnen vielleicht ein Mann ein, der sich bis zum Umfallen für andere aufreibt? Was vielleicht ja (mit) erklären könnte, warum Männer weniger Migräne haben als Frauen! Auf einer Ebene gleichen sich

Männer und Frauen inzwischen allerdings in ihrer Migräne an: auf der beruflichen Streßebene, der sogenannten Karriereleiter. Junge gestreßte Führungskräfte beiderlei Geschlechts sind optimale Migränekandidaten. Zugegeben werden darf dieses Leiden allerdings in diesen Kreisen nicht!

Ein Psychoproblem im Zusammenhang mit Migräne bürden sich bis heute noch mehr Frauen als Männer auf: Es gibt viele Mutter-Tochter-Beziehungen, die sehr gespannt und von gegenseitigen Wutgefühlen gekennzeichnet sind (siehe auch ›Vererbung‹ ab S. 40). Obwohl auch Söhne gelegentlich ihre Mütter herzlich hassen, ist dieser Konfliktpunkt beim männlichen Geschlecht noch nicht als Migräne-Trigger ausgemacht.

In einem Punkt erweisen sich die Männer allerdings den Frauen »überlegen«: Männer leiden häufiger und stärker unter der sogenannten Wochenendmigräne. Eine Studie der Princess Margaret Migraine Clinic in London hat ergeben, daß 32 Prozent der Männer, aber nur 19 Prozent der befragten Frauen (von insgesamt 151 Migränepatienten, die in dieser Klinik in Behandlung waren) über gehäufte Migräneattacken am Wochenende klagen.[28] Ob die Männer sich wohl dem Druck ihrer Partnerin ausgesetzt sahen, am Wochenende endlich einmal für sie Zeit zu haben?

Hormone

Wenn junge Mädchen zum Zeitpunkt ihrer ersten Monatsblutung, der Menarche, auch einen ersten Migräneanfall erleben, wird sie die Migräne höchstwahrscheinlich lange Zeit bei ihren Menstruationen begleiten. Ursache ist die hormonelle Umstellung in der Pubertät bzw. in jedem Monatszyklus. Jedesmal, wenn sich im Körper der Frau die Balance der Geschlechtshormone verschiebt – was ja ganz natürlich und keineswegs krankhaft ist –, zieht sozusagen der Kopf nach und kann unter Umständen davon irritiert werden, so daß die Durchblutung des Gehirns und die Nervenimpulse auf die Blutgefäße gestört sind.

Es gilt als wissenschaftlich gesichert, daß Frauen unmittelbar vor der Menstruation, manchmal auch während der Monatsblutungen, in der Schwangerschaft, in den Wechseljahren oder auch bei Einnahme hormoneller Empfängnisverhütungsmittel (der Antibabypille) Migräne bekommen können – und zwar ursächlich hormonell bedingt. Nach einer ärztlichen Statistik treten bei 10 bis 12 Prozent der Migränikerinnen solche Migräneanfälle mit absoluter Zuverlässigkeit regelmäßig und ausschließlich ein paar Tage vor der Monatsblutung auf. Weitere 25 Prozent der Frauen, die überhaupt an Migräne leiden, bekommen nur ab und zu im zeitlichen Zusammenhang mit ihrer Menstruation auch ihre Migräne.[29]

Migränepatientinnen, die an »ihren Tagen« fast immer genauso pünktlich auch »ihre Migräne« erleben, werden zu ihrem Erstaunen während einer Schwangerschaft oft völlig schmerzfrei. Diesen Frauen geht es dann so gut wie sonst nie; sie blühen als Schwangere förmlich auf. Etwa 80 Prozent der schwangeren Migränikerinnen werden spätestens in der zweiten Hälfte der Schwangerschaft ihr Schmerzleiden los.[30] Sobald das Kind aber geboren ist und der monatliche Zyklus sich wieder normalisiert hat, »kreißt« auch der Kopf wieder in schlimmer Regelmäßigkeit. In den Wechseljahren lassen bei manchen Frauen die Migräneattacken spürbar nach, so daß die Frauen ihre Kopfschmerzen fast vergessen können. Andere wiederum finden, daß sich ihre Migräne dann enorm verschlimmert. Meistens verabschiedet sich die Migräne als ungeliebte Lebensbegleiterin aber etwa nach dem 50. Geburtstag – zusammen mit der letzten Regelblutung, der Menopause.

Östrogene
Ein Auslösefaktor (Trigger) von Monatskopfschmerzen bzw. der Migräne können die Östrogene sein, von denen es im weiblichen Körper mindestens 30 verschiedene Formen gibt. Rund um den Eisprung zur Zyklusmitte werden im Eierstock verstärkt Östrogene produziert. Frauen, die diesen Eisprung als Mittelschmerz spüren, können bereits zu diesem Zeitpunkt eine Migräneattacke erleiden. Der Körper scheint das plötzliche Mehr an Östrogenen schlecht zu verkraften: Das hormonelle Gleichgewicht gerät aus der Balance. Da alle hormonellen Impulse, die vom Zwischenhirn (Hypothalamus) und von der Hirnanhangsdrüse (Hypophyse) aus den Monatszyklus steuern, auch das vegetative Nervensystem beeinflussen, spielen die Nerven leicht »verrückt«, und es kann zu den unterschiedlichsten Überreaktionen kommen – auch zur Migräne.

Psychostreß ist dagegen mit im Spiel, wenn die Frau insgeheim ihre Menstruation ablehnt, ja haßt. Mit nervlichen Überreaktionen, die sowohl Bauchkrämpfe als auch Kopfschmerzen nach sich ziehen, »bestraft« sie sich dann womöglich dafür, eine Frau zu sein.

Der weibliche Körper ist in den Tagen vor den »Tagen« äußerst sensibilisiert und befindet sich in Vorbereitung auf das Menstruationsereignis. Dieser Zustand hat sogar einen Namen: Prämenstruelles Syndrom (PMS) nennen die Hormonforscher und Gynäkologen das »kritische« Befinden der Frau, bevor die Monatsblutung schließlich einsetzt.[31] Die meisten Frauen haben sich an ihr ganz persönliches PMS-Syndrom mit seinen sehr unterschiedlichen Symptomen durchaus gewöhnt. Viele leiden dann auch verstärkt unter Kopfschmerzen. Diese gehören ebenfalls zu den möglichen Anzeichen eines prämenstruellen Syndroms wie beispielsweise Blähungen, Verstopfung oder Durchfall, Heißhunger oder Appetitlosigkeit. Es handelt sich dabei um sogenannte vegetative Befindensstörungen, die das (vom Willen nicht beeinflußbare) vegetative Nervensystem der Frau infolge der hormonellen Umstimmung beschert.

Mit diesem leichten bis mittelschweren Kopfweh, das mehr den Spannungskopfschmerzen gleicht, hat die hormonabhängige Menstruationsmigräne aber nichts zu tun. Sie ist ungleich heftiger und dominiert den gesamten Tagesablauf der Frau – sie blockiert das Wohlbefinden restlos.

Auch das plötzliche Absinken des Östrogenspiegels unmittelbar vor Beginn der Menstruation – es leitet das Abbluten der obersten Schicht der Gebärmutterschleimhaut ein – bringt bei manchen Frauen Chaos ins feinabgestimmte hormonelle Funktionssystem: Ihr Körper bekommt akute Östrogen-Entzugserscheinungen, der Unterleib schmerzt, die Gebärmutter blutet – und der Kopf »gebiert« unter Umständen eine Migräne.

Solange die Frau jeden Monat menstruiert, ist sie vor einer solchen Migräne kaum gefeit (auch wenn sie vielleicht nicht jedesmal auftritt). Es sei denn, sie überlistet die Natur und nimmt die Antibabypille ein. Damit täuscht sie dem Körper einen schwangerschaftsähnlichen Zustand vor – und kann unter Umständen erleben, daß sie ihre Migräne los wird. Es kann ihr aber auch genau das Gegenteil passieren. Verträgt sie nämlich die künstlichen Östrogene und Gestagene nicht, die in der Antibabypille enthalten sind, reagiert der getäuschte Körper möglicherweise »beleidigt«: nämlich wiederum mit Kopfschmerzen und Migräne. Das aber wäre ein wichtiger Grund, die Pille besser abzusetzen.

Prof. Dr. med. Hans-Christoph Diener, Universitätsklinik Essen, hält von Migränebehandlungsversuchen mit Hormonen daher wenig. In seinem Buch ›Migräne – Hinweise und Ratschläge für Patienten‹ weist der Arzt darauf hin, daß nach seinen Beobachtungen allenfalls die vorübergehende Gabe von Östrogenen die Zahl der Migräneattacken verminderte. Die Einnahme von Gelbkörperhormon (Progesteron) verschob zwar die Menstruation – die Migräneattacke aber kam unverändert. Zwischen 60 und 80 Prozent seiner Patientinnen haben ihm sogar berichtet, daß die Einnahme der Antibabypille ihre Migräne verstärkte. Nur selten komme es, so Diener, durch die regelmäßige Einnahme von Hormonpräparaten zu einer Besserung.[32]

Auch der Hormonforscher Prof. Dr. Herbert Kuhl warnt Migränepatientinnen davor, allzu große Hoffnungen auf die Antibabypille zu setzen: Aussicht auf Erfolg hat dieses Mittel in den meisten Fällen nur dann, wenn die Migräne wirklich pünktlich und ausschließlich im Zusammenhang mit der Monatsblutung auftritt.[33] Unregelmäßige Schmerzanfälle, die nur hin und wieder mehr zufällig auch bei der Menstruation vorkommen, sind eher nicht östrogenabhängig. Künstliche Hormone können sie dann auch nicht beseitigen.

Im Zweifelsfall kann die Frau etwa drei bis sechs Zyklen lang ausprobieren, ob ihr die »Pille« gut tut und ob die Migräne damit verschwindet. Der Körper braucht nämlich seine Zeit, bevor er sich auf die künstliche Hormonzufuhr umstellt und auch etwaige hormonabhängige Störungen korrigiert.

Umgekehrt muß die Antibabypille sofort abgesetzt werden, wenn die Frau während der Einnahme erstmals auch nur eine einzige schwere Migräneattacke erleidet. Das Gefäßsystem kann dann unter Umständen auch mit einer Thrombose (der Venen) oder einer Embolie (der Arterien) reagieren – Infarktgefahr![34]

Da ganz unterschiedliche Arten von Antibabypillen im Handel sind, die auch ganz unterschiedliche hormonelle Zusammensetzungen haben, ist es nicht einfach, ein Präparat zu finden, das nicht nur sicher eine Empfängnis verhütet, sondern auch noch einen günstigen Einfluß auf die Migräne hat. Die

Frau sollte dann mit ihrem Gynäkologen bzw. ihrer Gynäkologin absprechen, welche Pillenart wohl in ihrem speziellen Fall geeignet wäre – und den Erfolg oder Mißerfolg hinsichtlich der Migränebehandlung dann am eigenen Körper beobachten.

Prof. Dr. Kuhl rät beispielsweise in besonders schlimmen Fällen von hormonabhängiger Migräne, die gut auf die Einnahme von Pillen-*Kombinationspräparaten* (Östrogene plus Gestagene) reagiert, diese Mittel ohne Pause einzunehmen. Dann sinkt der Hormonspiegel nicht plötzlich ab, wie sonst bei 21-tägiger Pilleneinnahme, nach der gewöhnlich eine Pause von einer Woche eingelegt wird und eine menstruationsähnliche Blutung erfolgt. Bei einer Einnahme ohne Pause kommt es zu einer »meist ganz wesentlichen Verminderung der Häufigkeit und Intensität der Migräneattacken«, erklärt Kuhl. Nachteil: Wenn die Frau ununterbrochen ein Pillen-Kombinationspräparat schluckt, hat sie keine Blutungen und damit auch keine rechte Kontrolle über die Geschehnisse in ihrem Körper. Sehr vielen Frauen ist eine monatliche Blutung auch während der Pilleneinnahme aber sehr wichtig.

Die Einnahme der sogenannten *Minipille*, die nur Gestagene, aber keine Östrogene enthält, kann Frauen helfen, die wegen eines Gestagenmangels zur Migräne neigen. (Mehr über die Gestagene siehe ab S. 67.) Auf eine östrogenabhängige Migräne hat die Minipille keinen direkten Einfluß.

Von der Einnahme sogenannter *Zweiphasen-Antibabypillen*, die je nach Zyklusphase unterschiedliche Mengen von Östrogenen und/oder Gestagenen enthalten, ist eher abzuraten, falls sich die Frau davon einen Migränestop erhofft. Der Vorteil dieser Antibabypillen ist es ja, daß sie den hormonellen Zyklus der Frau annähernd »natürlich« nachbauen. Wenn die Frau unter zyklusabhängigen Migräneanfällen leidet, werden diese mit den Zweiphasenpillen deshalb kaum wegbleiben.

Frauen mit östrogenabhängiger Migräne könnte eventuell auch ein Pillenprodukt helfen, das nur noch 20 Mikrogramm Ethinylestradiol (= Östrogen) enthält (plus 150 Mikrogramm Desogestrel = Gestagen).[35] Diese neue Antibabypille kommt mit dem bisher niedrigsten Hormongehalt aller Pillen aus und verhütet trotzdem sicher die Empfängnis. Ihr Vorteil ist, daß sie noch einmal zehn Mikrogramm Östrogen weniger enthält als sonstige sogenannte *Mikropillen*, die normalerweise 30 Mikrogramm Östrogen aufweisen. Auf die möglichen Gesundheitsrisiken bestimmter Mikropillen, wie z.B. Thrombosen und Embolien, soll in diesem Zusammenhang nicht näher eingegangen werden. Der Östrogenspiegel im Blut der Frau wird jedoch durch die Pille auch nicht künstlich so stark erhöht, daß die Frau davon unter Umständen Kopfschmerzen bzw. Migräne bekommt. Im Gegenteil: Weil der Östrogenspiegel im Blut künstlich auf einem bestimmten Niveau gehalten wird, bleiben der Frau die natürlichen körpereigenen Schwankungen dieses Hormons zumindest während der Einnahme der Antibabypille erspart – und die Migräne bleibt vielleicht weg.

Was also soll die Frau tun, die eine hormonabhängige »Monatsmigräne« hat? Soll sie den Ärztinnen und Ärzten glauben, die von einer Hormontherapie eher abraten – oder soll sie diese Behandlung einfach einige Zyklen lang wagen?

Ich meine: Auch die Tatsache, daß die Einnahme von Hormonpräparaten bei manchen Frauen die Monatsmigräne noch verschlimmert, ist *kein* Beweis dafür, daß sie von hormoneller Seite her nicht auch gebessert werden könnte. Im Gegenteil, ich halte die Verschlimmerung geradezu für einen Beweis der Theorie, daß insbesondere die Östrogene einen starken Einfluß auf das zentrale und vegetative Nervensystem der Frau haben. Entscheidend ist aber wohl die Balance zwischen den Hormonspiegeln im Blut und dem ungehinderten Fluß von Informationen, die bestimmte Botenstoffe zum Gehirn senden. Liegt zwischen diesen Datenträgern eine »Fehlzündung« vor – zum Beispiel ausgelöst durch psychische Einflüsse –, so kann das gesamte hormonelle und neuronale Kommunikationssystem gestört sein: Die falsche Programmierung entlädt sich in Form eines »Gewitters im Gehirn«. Ein Therapieversuch mit Hormonen könnte immerhin Klarheit bringen, wo die Störung liegt.

Ganz anders verhält es sich mit der Migräne während der Wechseljahre. Auch das natürliche Nachlassen der Östrogenproduktion (das ja keineswegs krankhaft ist: der Körper der Frau wechselt lediglich von der fruchtbaren Phase in einen neuen Lebensabschnitt über, in dem die Fruchtbarkeit nicht mehr benötigt wird) kann Migräne auslösen. Manche Frauen bekommen dann prompt um den Zeitpunkt herum Migräneanfälle, an dem sie früher immer eine Menstruation hatten. Als Faustregel gilt: Frauen, bei denen die Östrogenproduktion in den Eierstöcken sehr rasch nachläßt, erleiden gewöhnlich auch heftigere Wechseljahrsbeschwerden. Wenn es ganz schlimm und gar nicht mehr auszuhalten ist, können sie sich *natürliche* Östrogene (die nur konjugiert, das heißt wasserlöslich gemacht wurden) als Hormon-Ergänzungstherapie verschreiben lassen. Zur Verfügung stehen verschiedene Östrogentypen (Östriol, Östradiol und Östron) als Tabletten, als Spritzen oder als Hautpflaster. Zur Verringerung eines möglichen Krebsrisikos werden sie meist noch kombiniert mit Gestagenpräparaten.[36]

Als Migräne-Vorbeugungs-Therapie machen solche Hormonpräparate aber nur Sinn, wenn die Wechseljahrsmigräne wirklich auf das Absinken des körpereigenen Östrogenspiegels zurückzuführen ist. Und nicht etwa auf – auch unbewußte – psychische Faktoren, etwa die nun aufsteigende Angst der Frau vor dem Altwerden, vor Attraktivitäts-(und Partner-)Verlust usw. Viele Frauen betrauern auch die Tatsache, daß sie nun endgültig ihre ureigenste weibliche Fähigkeit verlieren, neues Leben in die Welt zu setzen. Es könnte durchaus sein, daß sie in den Wechseljahren dann statt ihrer Monatsblutungen immer wieder eine »Trauermigräne« bekommen – und zwar so lange, bis ihre Seele den Verlust abgetrauert hat. Solche psychosomatischen Zusammenhänge näher zu erforschen, wird Aufgabe der Medizin der Zukunft sein.

Frauen müssen also selbst ausprobieren, ob ihre Migräneanfälle sich mit Hormonpräparaten mildern oder gar beheben lassen. Bei vielen vergeht die Migräne auch, je mehr ihr körpereigener Östrogenspiegel im Lauf der Zeit absinkt. In solchen Fällen wäre eine Hormon-Ergänzungstherapie – zumindest im Hinblick auf das Migräneleiden – dann eher schädlich als nützlich.

Entschieden warnt Prof. Dr. Diener jedenfalls vor einer chirurgischen »Radikallösung« des Problems Menstruationsmigräne: »Von einer Entfernung der Gebärmutter oder der Eierstöcke ist kein positiver Einfluß auf eine Migräne zu erwarten.«

Progesteron (Gestagene)

Zwar ist der Zusammenhang zwischen Östrogenspiegeln im Blut und Migräneattacken bekannt, doch es wäre zu einfach, nur die Östrogene als hormonelle Trigger der Migräne zu betrachten. Was auf den ersten Blick als Zuviel oder Zuwenig der Östrogene gedeutet wird, kann nämlich auch bedeuten: Die Frau hat zu wenig oder zu viel Gestagene (Progesteron) im Blut. Diese Hormone wirken stets auch regulierend auf den Östrogenhaushalt ein.[37] Beide weiblichen Geschlechtshormone sind außerdem noch abhängig von anderen Regulationshormonen des Eierstocks.

Dieses feinabgestimmte Miteinander läßt sich mit einem Bild aus dem Sport gut verdeutlichen: Alle am Hormonkreislauf beteiligten Geschlechtshormone befinden sich wie Sportlerinnen in einer Arena (dem weiblichen Körper) und starten nun einen Rundkurs (den Monatszyklus). Jedes Hormon, das an den Start geht, gibt wie bei einem Staffellauf den »Stab« (den hormonellen Impuls) an die nächste Läuferin weiter und veranlaßt diese zum Laufen. Und während die letzte Läuferin (Östrogen) ganz erschöpft im Ziel ankommt und dort die Arena verläßt (die Menstruation beginnt), sind schon längst wieder andere Läuferinnen unterwegs, die die Botschaft weitertragen. Unaufhörlich werden wieder neue Hormonstoffe ins Rennen geschickt – bis die »Olympiade« der Frau (ihre fruchtbare Lebensphase) eines Tages zu Ende geht.

Auch das Progesteron ist so eine »Stafettenläuferin«. Ohne ihre Botschaften würde die »Rennleitung« (der Hypothalamus im Zwischenhirn) nicht erfahren, wann ein neuer Zyklus gestartet werden muß. Ist das Progesteron jedoch leistungsschwach, so kommt ihre Hormonschwester Östrogen zu stark zum Zuge und wird das Rennen und seinen Ausgang dominieren. Die Stafetten werden dann falsch übergeben, und das gesamte Wechselspiel ist gestört.

So kann also auch das Progesteron am Teufelskreis der hormonell ausgelösten Migräne beteiligt sein. Überdies wird diesem Hormon eine mild beruhigende Wirkung auf das zentrale wie das vegetative Nervensystem nachgesagt. Hohe Progesterongaben konnten bei Patientinnen mehrere Stunden Schlaf auslösen.[38] Auch hat sich gezeigt, daß Epileptikerinnen besser vor ihren Anfällen geschützt werden können, wenn sie kurz vor der Menstruation Gestagene (= künstliches Progesteron) einnehmen. Östrogengaben dagegen fördern epileptische Anfälle und bewirken auch sichtbare Veränderungen im Hirnstrombild (Elektroenzephalogramm/EEG) von Epileptikerinnen.[39] Manche Wissenschaftler rechnen bestimmte Migräneformen sogar mit zu den Anfallsleiden. Es könnte also durchaus sein, daß Gestagenpräparate (etwa die Minipille) gelegentlich günstig auf die zyklusbedingte Migräne einwirken.

Frauen, die vermuten oder sicher sind, daß ihre Migräne etwas mit ihrem Monatszyklus zu tun hat, sollten ihre Hormonwerte einmal anhand einer Blutuntersuchung kontrollieren lassen. Entscheidend ist freilich der Zeitpunkt dieser Analyse: Aussagekräftig sind die Werte oft nur zu bestimmten Phasen des Monatszyklus. Es können daher möglicherweise auch mehrere Blutuntersuchungstermine nötig sein.

Prolaktin

Auch das Prolaktin ist ein wichtiges Hormon der Frau, das von der Hirnanhangsdrüse erzeugt wird. Bei Zyklusstörungen wird daher meist auch der Prolaktinspiegel im Blut gemessen. Zu den Hauptaufgaben des Prolaktins gehört es, die Milchbildung in der Brust von schwangeren und stillenden Frauen anzuregen.

Aber auch unter Streß wird verstärkt Prolaktin erzeugt. Ein Prolaktinüberschuß kann nun das feinabgestimmte Zusammenspiel von Östrogenen und Progesteron empfindlich stören. Ein Zuviel an Prolaktin wird deshalb auch mit den Beschwerden des prämenstruellen Syndroms in Verbindung gebracht. Prolaktin stört den Flüssigkeitshaushalt in den Geweben – und das könnte wiederum Druck auf Nerven und Gefäße im Gehirn ausüben, so daß ein akuter Migräneanfall ausgelöst wird.[40] Bislang jedoch ist die Rolle des Prolaktins als möglicher Migräne-Trigger noch nicht genügend erforscht.

Prostaglandine

Prostaglandine sind hormonähnliche Substanzen. Sie kommen in nahezu allen Körpergeweben vor – vor allem aber in der Gebärmutter und im Gehirn. Sie bewirken u.a. das Zusammenziehen und Entspannen von Muskeln und Gefäßwänden. Auch am Zustandekommen eines Migräneanfalls sind Prostaglandine aktiv beteiligt.[41] Einige Schmerzmittel wie z.B. Acetylsalicylsäure (in der Naturheilkunde: Weidenrindenextrakt) oder Paracetamol hemmen die Prostaglandinproduktion. Darum werden sie auch zur Bekämpfung von Kopfschmerzen und Migräne eingesetzt – allerdings nicht immer mit dem erhofften Erfolg. Offenbar sind Prostaglandine also nur sehr selten die *alleinigen* Migräne-Trigger.

Serotonin

Der hormonelle Botenstoff Serotonin, ein Neurotransmitter, regelt die Körpertemperatur, den Schlaf und viele Sinnesempfindungen. Biochemisch ist das Serotonin auffallend mit der Lustdroge LSD (Lysergsäurediäthylamid) verwandt, die Nervenzellen im limbischen System des Gehirns »verstummen« läßt und vehement Zellen im Hirnstamm aktiviert, so daß seltsame Effekte zustande kommen: Farben werden zum Beispiel als Düfte empfunden, Töne werden körperlich spürbar.[42] Neue Studien der Universität Kiel belegen auch, daß der Duft bestimmter ätherischer Öle (z.B. Pfefferminzöl) einen Einfluß auf die körpereigene Serotonin-Ausschüttung haben kann.

Serotonin ist auch beim Entstehen eines Migräneanfalls heftig mit im Spiel, was die verschärfte Wahrnehmungsfähigkeit der Sinne unmittelbar vor einer Migräneattacke erklären könnte. Serotonin selbst wirkt gefäßverengend. Sobald das aus den roten Blutkörperchen freigesetzte Serotonin jedoch wieder abgebaut ist, erweitern sich die Blutgefäße erneut und erschlaffen. Viele Wissenschaftler vermuten, daß genau dieser Vorgang bei den Betroffenen die schlimmen Migräneschmerzen verursacht.

Ein neues Anti-Migräne-Mittel, das Ende 1992/Anfang 1993 auch in Deutschland auf den Markt kam, enthält solche gefäßverengenden Substanzen (siehe ab S. 150). Das Ei des

Kolumbus in der Migräneforschung ist damit freilich noch immer nicht gefunden. Es fehlen bisher noch viele Verbindungsstücke im großen Migräne-Puzzle: Warum kommt es überhaupt zu einer gestörten »Nachrichtenübermittlung« zwischen dem Zentralnervensystem, dem Hormonsystem und den zerebralen Blutgefäßen? Auf welche Weise ist diese Kommunikation gestört? Und wie läßt sie sich wieder normalisieren?

Streßhormone

Der hormonelle Botenstoff *Adrenalin* (das »Aufputschhormon«) wird im Nebennierenmark produziert sowie auch in den Ganglien des Sympathikusnervs, der zum vegetativen Nervensystem gehört. Das Adrenalin hemmt die Harnproduktion, bremst die Darmbewegungen und läßt den Blutdruck ansteigen, weil es die Gefäße zusammenzieht. Viel Adrenalin im Blut löst Unruhe und Angstgefühle aus und macht den Körper »fluchtbereit«. Aber auch umgekehrt: Angst und Streß lassen den Adrenalinspiegel im Blut ansteigen. Die Blutgefäße verengen sich merklich, die Haare »stehen zu Berge« – und Migränekranke können spüren, daß sich auf diese Weise ein neuer akuter Schmerzanfall anbahnt. Damit sich die Blutgefäße anschließend nicht etwa schockartig wieder erweitern und den Migräneschmerz auslösen, wäre es sehr wichtig, genau in diesem Moment ins Geschehen einzugreifen und diese Gefäßerweiterung nur sehr langsam ablaufen zu lassen. Dafür gibt es tatsächlich einige Möglichkeiten, mit dem eigenen Gefäßsystem »Kontakt aufzunehmen« (siehe ab S. 166). So kann unter Umständen ein Schmerzanfall noch abgefangen werden.

Das Gewebshormon *Histamin* ist Allergiekranken wohlbekannt: Es wird vom Körper verstärkt ausgeschüttet, wenn eine Abwehrreaktion gegen Fremdstoffe in Gang kommt, gegen die eine Überempfindlichkeit besteht (Antigen-Antikörper-Reaktion). Das Histamin wird in sogenannten Mastzellen des Gewebes und in einem Teil des Zwischenhirns (dem Hypothalamus) gebildet. Es löst starken Juckreiz aus, aber auch heftige Schmerzempfindungen an den feinen Nervenendigungen. So kann es beispielsweise allergische Kopfschmerzen bewirken. Bekanntestes Beispiel ist das »China-Essen-Syndrom«: Auf den darin enthaltenen Geschmacksverstärker Glutamat reagieren viele Menschen allergisch – und bekommen prompt einen »Histaminkopfschmerz«.

Bei Migränekranken, die ihre Schmerzanfälle im Zusammenhang mit Nahrungsmitteln erleiden, gegen die sie überempfindlich sind (z.B. Rotwein, Käse oder Schokolade), ist stets auch das Hormon Histamin am Entstehen des Schmerzanfalls beteiligt (siehe auch S. 91).

Schilddrüsenhormone

Auch die Schilddrüse ist eine Hormonproduzentin. Stellt sie zuviel oder zuwenig Hormone her, kann sich nicht nur ein häßlicher Kropf bilden; auch das Wechselspiel der Sexualhormone kann davon gestört werden. Dann kommt z.B. der Monatszyklus nicht richtig in Gang, oder die Lust am Sex (Libido) läßt nach. Als Begleitsymptom solcher Hormonstörungen können Kopfschmerzen bis hin zur Migräne auftreten.

Ganz unsinnig wäre es in solchen Fällen, Schmerzmittel gegen die Migräne einzunehmen, die Betriebsstörung der Schilddrüse außer acht zu lassen. Erfahrene Ärztinnen und Ärzte werden in Zweifelsfällen daher stets auch eine Überprüfung des Schilddrüsenhormonspiegels im Blut empfehlen.

Bei allem Interessanten und Wichtigen, was die Hormonforschung für Migräniker sicher noch bereithalten wird: Das »Netzwerk Mensch« ist keine Maschine. Auch die hormonellen Regel- und Meldesysteme sind in ihrer Funktion unserer Psyche unterworfen, schreibt die Medizinjournalistin Margaret Minker in ihrem Buch ›Hormone und Psyche‹: »Ob es uns seelisch gut oder schlecht geht, ob wir verhältnismäßig friedlich und zufrieden oder aber im Dauerstreß leben – alles wirkt sich letztendlich auch auf die Hormone aus. Und sollte die geistig-seelische Disharmonie zu stark werden, können auch die hormonellen Regelkreise aus dem Gleichgewicht geraten. Das hat dann wiederum körperliche *und* geistig-seelische Auswirkungen: Beschwerden stellen sich ein, wir fühlen uns unwohl oder gar krank, und der Kreis schließt sich.«[43]

Sexualität

Das ist schon schlimm: noch vor, während oder unmittelbar nach dem Orgasmus einen Migräneanfall zu bekommen. In der ärztlichen Sprechstunde ist dieses Leiden nicht unbekannt: der Sexualkopfschmerz. Er befällt das weibliche Geschlecht ebenso wie das männliche, Männer sind davon jedoch häufiger betroffen: eine Ausnahme in der Migränediagnostik und -anamnese! Was steckt dahinter?

Rein medizinisch soll die Orgasmusmigräne nichts weiter sein als ein ziemlich gemeiner Gefäßkrampf. Das leuchtet ein, denn kurz vor dem Höhepunkt erhöht sich oft die Anspannung sämtlicher Muskeln, und auch das Blut steigt manchen spürbar wie eine heiße Welle zu Kopfe. Die (Über-)Erregung des vegetativen Nervensystems überträgt sich nun auf das Gefäßsystem des Schädels. Dieses hat es dann möglicherweise schwer, die abrupte Entspannung zu verkraften, die nach dem Orgasmus einsetzt.

Viele Menschen, vor allem Frauen, verkrampfen sich auch innerlich beim Sex und bekommen dann vor lauter Anspannung auch physische Krämpfe – zum Beispiel in den Waden oder eben auf »höherer Ebene«, im Kopf.

Für manche artet Sex sogar in Psychostreß aus: zum Beispiel, wenn sie sich unter Leistungsdruck fühlen (etwa wieviele Orgasmen sie erlangen). Dann kommen die Streßhormone Adrenalin und Noradrenalin zum Zuge und verursachen vorübergehend ein biochemisches Chaos in den Schaltstellen des Gehirns (medizinisch Synapsen genannt). Zuviel Adrenalin verengt die Blutgefäße im Gehirn und in den Hirnhäuten so sehr, daß die Betroffenen das Gefühl haben, gleich würde ihnen der Kopf platzen.

Danach setzt schlagartig die Gegenreaktion des Organismus ein: Die Blutgefäße erweitern sich wieder, der Blutdruck sinkt abrupt ab – was vor allem Männer oft sofort einschlafen läßt, Frauen aber unter Umständen eine langanhaltende Migräne beschert.

Eine weitere Theorie stammt aus der Hormonforschung: Da in vielen Betten meistens zu nächtlicher Stunde, also zur (Ein-)Schlafenszeit geliebt wird, kommt der Adrenalinstoß beim Sex möglicherweise auch dem Schlafhormon Serotonin in die Quere, das zu diesem Zeitpunkt verstärkt ausgeschüttet wird. Zuviel Adrenalin kann aber – ebenso wie zuwenig – die biochemische Balance des Hirnstoffwechsels empfindlich stören – und möglicherweise Migräne auslösen.

Vermutlich, meinen Hormonforscher, werden bei Frauen außerdem verstärkt Prostaglandine freigesetzt. Das sind hormonähnliche Stoffe, die unter anderem Gebärmutterkontraktionen verursachen, aber auch überall im Körper auf Muskeln und Gefäße einwirken und bei der Schmerzauslösung eine wichtige Rolle spielen. Auch das Hormon Prolaktin, das bei Streß vermehrt im weiblichen Körper kreist, kann möglicherweise die Sexmigräne (mit)auslösen (siehe auch S. 69).

Bekannt ist ferner, daß bei vielen Menschen in der Erregungsphase (Plateauphase) des Geschlechtsverkehrs die Nasenschleimhäute anschwellen. Ähnliches geschieht möglicherweise auch an höherer Stelle, nämlich an den Hirnhäuten oder an den Gefäßwänden des Gehirns. Diese Schwellungen drücken dann, so eine Theorie, auf die feinen Nervenendigungen und ihre Schmerzrezeptoren. Auch Männer mit einem besonders sensiblen vegetativen Nervensystem können solche Kopfschmerzanfälle beim oder nach dem Geschlechtsverkehr bekommen.

Australische Neurologen haben sich dieses Problems angenommen. Männer sind nach den Ergebnissen der Studie am Royal Perth Hospital in Perth, Australien, von diesem Orgasmuskopfschmerz bis zu fünfmal häufiger betroffen als Frauen. Die meisten Sexualkopfschmerzkandidaten waren um 35 Jahre alt – also schon jenseits der ersten Jünglingsfrische und noch vor der Midlife-Crisis.[44] Die untersuchenden Neurologen führen diesen unangenehmen Kopfschmerz beim Sex auf einen ungewöhnlichen Umschaltprozeß im autonomen Nervensystem während des Geschlechtsverkehrs zurück.

Die Australier teilten die »Sexmigräne« in drei verschiedene Verlaufsformen ein:

1. Der vaskuläre Kopfschmerztyp: Bei ihm setzt der migräneartige Kopfschmerz plötzlich während des Orgasmus ein.
2. Der muskuläre Typ: Hier entwickelt sich der migräneartige Kopfschmerz schon vor dem Höhepunkt und bricht beim Orgasmus schließlich voll aus. Die Schulter- und Nackenmuskulatur ist stark angespannt, und die Betroffenen haben auch unwillkürliche Muskelkontraktionen im Gesicht – sie grimassieren (was der Sexualpartner bzw. die Sexualpartnerin jedoch zumeist nicht bemerkt, weil dieser bzw. diese gerade mit dem eigenen Höhepunkt beschäftigt ist).
3. Der Kopf-Typ: Bei diesem Typ ist der Liquordruck (der Hirnflüssigkeit) während des Orgasmus erhöht; das verur-

sacht den Liebenden beim Höhepunkt einen »Brummschädel«.

Da urplötzlich auftretende, stechende Kopfschmerzen in diesem Alter immer auch an eine Spontanblutung im Gehirn denken lassen, raten die Ärztinnen und Ärzte den Betroffenen auf jeden Fall zu einer klärenden Computertomographie des Schädels. In den allermeisten Fällen sei der Sexkopfschmerz jedoch harmlos, beruhigen die Wissenschaftler. Da die in solchen Fällen häufig verordneten Betablocker (= dämpfende Medikamente) zwar den Sexualkopfschmerz verhindern, aber auch die Lust (Libido) dämpfen, verzichten viele Betroffene freiwillig auf solche Gegenmittel, sobald sie erst einmal von der Gutartigkeit ihrer Beschwerden überzeugt sind.

Kopfschmerzen sind beim Sex freilich auch ein heißes Eisen für die Psychologie. Viele Psychiater glauben, sie seien Ausdruck eines unbewußten Schuldgefühls, z.B. wegen des Koitus. Die Psychologen Thorwald Detlefsen und Rüdiger Dahlke halten die Migräne für einen »Orgasmus im Kopf«.[45] Ohnehin sei der Kopf, so die Ansicht der beiden Psychologen, der Stellvertreter des Unterleibs – und zwar in allen Situationen und bei beiden Geschlechtern ...

Orthopäden sehen das Problem pragmatisch: Sexkopfschmerzen lassen sich ihres Erachtens noch während des Geschlechtsverkehrs beheben, indem das Paar nämlich kurzerhand die Stellung wechselt. »Verrenkungen« und extreme Körperhaltungen – insbesondere bei längerem vergeblichen Bemühen, zum Höhepunkt zu kommen – können zu erheblichen Verspannungen führen, die wiederum eine Reaktionskette von Nerven- und Muskelbeeinträchtigungen nach sich ziehen.

Ein Münchener Hals-Nasen-Ohrenarzt hält sogar eine Reizung des ersten Trigeminus-Astes (eines Schmerznervs im Schädelbereich) für möglich. Das würde die in die Stirn und in den hinteren Augenbereich ausstrahlenden Kopfschmerzen erklären.[46] Ausgelöst werde diese Irritation, meint er, durch übermäßige Beanspruchung der Halswirbelsäule. In deren unmittelbarer Nachbarschaft befindet sich der Hirnstamm, in dessen Kernen u.a. der Trigeminusnerv endet (siehe auch S. 105).

Schämen braucht sich ein Paar jedoch keinesfalls, wenn ein oder beide Partner beim Sex Kopfschmerzen davontragen. Frauen, die bei der Liebe Migräne bekommen, sind auch keineswegs »frigide«. Ein niedergelassener Arzt, der mehrere Patientinnen wegen dieses speziellen Migräneproblems behandelte, will im Gegenteil festgestellt haben, daß diese Frauen sogar sehr viel Freude an ihrer Sexualität empfinden: Manche steigern sich in ihrer Leidenschaft und im Liebesspiel so sehr, daß sie irgendwann glauben, sich »im Kopf bremsen zu müssen«.[47]

Die Angst, beim Liebesspiel überrascht zu werden, oder die Angst vor einer ungewollten Schwangerschaft lösen bei gar nicht wenigen Frauen ebenfalls Migräne aus. Wenn Frauen (in selteneren Fällen auch Männer) jedoch *vor* jedem Sexualverkehr oder regelmäßig jeden Abend, bevor sie ins Ehebett steigen, einen Migräneanfall bekommen, sollten sie sich doch einmal genau überlegen, was in ihrem Sexualleben nicht stimmt. Ist ihre Migräne ein Zeichen dafür, daß sie nur sehr ungern mit ihrem Partner bzw. ihrer Partnerin schlafen? Können sie seinen oder ihren Körpergeruch nicht leiden? Haben sie Angst, sich zum Sex überreden zu müssen, obwohl sie gar keine rechte Lust haben? Oder fürchten sie alles Sexuelle insgesamt? Deborah Tannen, Autorin des Buches ›Du kannst mich einfach nicht verstehen‹,[48] sieht in solchen Kopfschmerzen auch ein weiblich-männliches Kommunikationsproblem: Anstatt offen über eine zugefügte Kränkung zu reden, zieht sich die Frau stumm in ihre Migräne zurück. So »bestraft« sie den Partner für seine Lieblosigkeit. In solchen Fällen helfen keine Schmerz- oder Beruhigungsmittel, sondern nur eine offene Aussprache – oder auch eine gute Sexualberatung (für beide!).

Umgekehrt ist Sex übrigens manchmal ein ausgezeichnetes Selbsthilfemittel, eine herannahende Migräneattacke elegant abzufangen. Geschlechtsverkehr (auch Masturbation) fördert bekanntlich die Durchblutung u.a. des Kopfes und bietet nach dem Höhepunkt die beste Entspannung überhaupt. Mitunter ist diese »Erste Hilfe« daher nur wärmstens zu empfehlen.

Streß

Streß verspüren bedeutet im weiteren Sinn auch lebendig sein. Unser Leben ist ohne innere und äußere Streßreize nicht denkbar, und es würde nur wenig Spaß machen, wenn wir uns nicht tagtäglich auf unerwartete Sinnesreize wie Freude, Ärger, Erwartung, Hoffnung, Kummer, Scham, Angst, Erleichterung und auch aufs Glück gefaßt machen und immer wieder aufs neue einstellen müßten. Menschen, die aus Krankheitsgründen (z.B. wegen einer Depression) mit verminderten Emotionen leben, sind zwar nicht den üblichen Höhen und Tiefen ausgesetzt, sie empfinden sich aber auch innerlich »wie tot«.[49] Wenn dann auch die Impulse der inneren Streßreize ausbleiben, wenn also jeglicher »Antrieb« fehlt, dann wird das Leben nicht mehr richtig gelebt.

Für Gesundheit und Wohlbefinden ist es jedoch außerordentlich wichtig, daß uns Streß als Antriebsmotor in *verträglichem Maße* vorantreibt. Diesen positiven Streß, der lebensnotwendig ist, hat der Streßforscher Hans Selye als »Eustreß« (von griech. eu = wohl) bezeichnet. Als negativen, auf die Dauer gesundheitsschädlichen »Disstreß« (von lat. dis = entzweit) stufte Selye dagegen alle inneren und äußeren Reizeinflüsse ein, auf die der Körper nicht mehr angemessen und ausgleichend reagieren kann.

Ob und wann wir Disstreß empfinden, hängt vom jeweiligen gesundheitlichen Allgemeinzustand und unserer momentanen seelischen Befindlichkeit ab. Nehmen die Streßreize, mit denen unser Nervensystem konfrontiert wird, phasenweise überhand, so daß sich Körper und Seele mit dieser Fülle an Impulsen nicht mehr zurechtfinden, schlagen alle Funktionssysteme Alarm: Wir fühlen uns überfordert, bekommen die unterschiedlichsten Beschwerden von Panikattacken bis zu Schlafstörungen – und werden eines Tages sogar organisch krank davon. Streß gilt darum auch als einer der Hauptauslösefaktoren (Trigger) für Migräneanfälle.

Viele Betroffene kennen das gut: Migräne tritt oft genau dann auf, wenn förmlich der eine zusätzliche Tropfen Ärger das Faß zum Überlaufen bringt. Der Arzt Dr. Bernard Bäker hatte einen solchen Streßmigränepatienten, der selbst Allgemeinarzt ist: »Er bekam immer Kopfschmerzen, wenn seine Sprechstunde überfüllt war, wenn die Patienten auf dem Flur und auf den Gängen warten mußten und es kein Durchkommen mehr gab. Er hatte eine Bestellpraxis und wurde sofort nervös, wenn er sich nicht jedem Patienten gründlich widmen konnte. Der kleinste zusätzliche Ärger, z.B. ein Patient, der sich über die lange Wartezeit beschwerte, ließ die Kopfschmerzen dann so heftig werden, daß er nicht mehr weiterarbeiten konnte.«[50]

Psychologen nennen diese Art, auf Ärger zu reagieren, eine »mangelhafte Frustrationstoleranz«. Auch bei Frauen ist dieses Reaktionsmuster weit verbreitet: Frust erst einmal tapfer herunterzuschlucken, sich lange heimlich daran zu vergiften – und schließlich, bei einem scheinbar geringfügigen Anlaß, eine Migräne zu bekommen.

So machen sich viele Frauen oft gar nicht bewußt, welch starkem Disstreß sie möglicherweise durch Mehrfachbelastungen ausgesetzt sind, und legen ihren ganzen Ehrgeiz hinein, all ihren Rollen bestens gerecht zu werden. In einer Studie, die Prof. Dr. Karl Biener vom Institut für Sozial- und Präventivmedizin der Universität Zürich an 206 Arbeitnehmerinnen unterschiedlicher Berufe und Betriebe durchführte, klagte nur jede dritte Frau über mäßigen bis starken Streß, obwohl sie alle durch Beruf und Familie doppelt und dreifach belastet waren.[51] Viele der Befragten hielten es auch gar nicht für »Streß«, so viele Rollen ausfüllen zu müssen, sondern für ganz normale weibliche Beanspruchung. Laut Biener definierten die Frauen den »weiblichen Streß« vielmehr als Gefühl, keine oder nicht genügend Zeit für *noch mehr* Aktivitäten zu haben … Ein Fehlschluß, der oft an die Gesundheit geht.

Disstreß kann ebenso durch allgemeine Arbeitsüberlastung ausgelöst werden wie durch spontane Ereignisse, etwa unerwarteten Tadel von der Chefin bzw. vom Chef oder einen großen Schreck über den Steuerbescheid vom Finanzamt. Auch plötzliche positive Ereignisse, ja eigentlich alle emotionsgeladenen Situationen sind für Streßanfällige akut migränegefährlich. Von schweren seelischen Erschütterungen wie Unglücks- oder Todesfällen ganz zu schweigen.

Ärzte des Londoner National Hospital für Nervenleiden sind einer neuen Form von streßbedingter Migräne auf der Spur: dem sogenannten »Shopping-Kopfschmerz«. Häufige Ursachen solcher plötzlich einsetzenden migräneartigen Schmerzattacken sei die Aufregung beim Einkaufen selbst sowie Angst und Sorge vor zu großen Geldausgaben. Allzu oft führe dieser »Einkaufsrausch« dann direkt in eine »hemmende« Migräne; diese werde zusätzlich ausgelöst durch unterdrückte Heißhungergefühle und zu spätes, vielleicht sogar ungewohntes und daher nicht gut verträgliches Essen, die aggressive Beleuchtung in Kaufhäusern, den Streß und den Ärger beim Probieren in zu engen Umkleidekabinen (»Mein Gott, wie unförmig doch meine Figur geworden ist – kein Wunder, daß mir nichts paßt!«) und die stickige Luft in manchen Geschäften.[52]

Wie schon unter ›Hormone‹ beschrieben (ab S. 59) schickt der Körper in Gefahren- und Krisensituationen, wo es auf das rasche Umschalten und Anpassen an eine neue Lage ankommt, hormonelle Spezialisten aus:

- Über das Zwischenhirn (Hypothalamus) und die Hirnanhangsdrüse (Hypophyse) wird die Nebennierenrinde stimuliert, möglichst rasch das Streßhaupt-Hormon Cortisol sowie eine Reihe anderer Glucocorticoide wie z.B. das bekanntere Cortison auszuschütten.
- Die zweite Schiene zur akuten Streßbewältigung läuft über die hormonellen Botenstoffe (Neurotransmitter) Serotonin und Noradrenalin. Das elektrische Membranpotential der Nervenzellen wird umgeschaltet. Die Blutgefäße, auch des Gehirns, verengen sich, und der Blutdruck darin steigt an.[53]
- Irgendwann während dieser spontanen Reaktionen im Gehirn werden leitende Nervenzellfasern so aktiviert, daß sie das Signal »verengte Blutgefäße« wieder zurück an die Meldezentrale im Gehirn leiten. Dies Signal bedeutet: Die verengten Blutgefäße lassen kein frisches, sauerstoffreiches Blut ins Gehirn nachströmen. Prompt werden neue hormonelle Botschaften ausgesandt. Die verengten Gefäße erweitern sich jetzt wieder, und der Blutnachschub klappt besser. In diesem Stadium der Gefäßver- und -entkrampfung sind bei Migräneanfälligen oft bereits Kopfschmerzen spürbar.

Zahlreiche Fachleute wie etwa Prof. Dr. Wolf-Dieter Gerber bezweifeln jedoch, daß diese Streßreaktionen im Gehirn bei

Migränekranken fast wie ein Naturgesetz immer so und nicht anders ablaufen.[54] Die Veranlagung, auf Streß mit Migräne zu reagieren, sei nicht etwa vererbt, sondern erst antrainiert, meint der Wissenschaftler. Wie der einzelne Mensch mit einer Streßsituation umgeht, hat er höchstwahrscheinlich individuell erlernt: Zum Beispiel am Vorbild der Eltern und ihrem Verhalten bei Streß. Stereotype Verhaltensweisen speichert das Gedächtnis dann ab und gibt dem Hirnstamm entsprechende Reaktionskommandos. So wäre gut erklärbar, weshalb z.B. Töchter von Müttern mit Migräne selbst auch wieder Migräne bekommen: Sie haben sich dieses »Streß-Entziehungs-Programm« vielleicht schon als Kleinkinder bei der Mutter abgeschaut.

Es müßte nur gelingen, eine andere Form der Streßbewältigung einzuüben und dann eben *nicht* mehr mit Migräne zu reagieren. Tatsächlich ist so etwas möglich (siehe auch ab S. 165 und S. 168).

Es gibt allerdings auch Migräneleidende, die ihre Schmerzattacke erst dann bekommen, wenn der ärgste Streß vorüber ist und die allgemeine Entspannung einsetzt. Nach diesem Prinzip könnte auch in vielen Fällen die sogenannte Wochenendmigräne funktionieren. Und zwar bei den Menschen, die während der Arbeitswoche die berufliche (und eventuell private) Anspannung gut toleriert haben, am Wochenende dann aber auf das »große Relaxen« hin ihre Migräne bekommen. Das Fehlen von Berufsstreß, die plötzliche Freizeit, die oft auch als Leere empfunden wird, sowie der von einem Tag auf den anderen reduzierte Koffeinkonsum wirken sich insbesondere bei »Workaholics«, also Arbeitssüchtigen, als Migräne-Trigger aus.

Umwelt

Unsere Umwelt wird zunehmend unfreundlicher und macht Menschen anfälliger für bestimmte Krankheiten. Wir sind von zahlreichen Gefahrenquellen umgeben, denen auszuweichen nicht immer möglich ist: dem wachsenden Ozonloch einerseits, zunehmender Ozonbelastung andererseits, Schadstoffen in der Luft und Giftstoffen im Boden und in der Nahrung, dem Elektrosmog am Arbeitsplatz und zu Hause usw. Dazu kommen Lärm und Reizüberflutung allerorten.

Gerade Migränepatienten reagieren auf bestimmte Umweltreize oft besonders empfindlich. Einer der stärksten Migräne-Trigger ist der Einfluß des Wetters. Klimatisch bzw. jahreszeitlich bedingte Witterungsänderungen spielen Migräneleidenden besonders übel mit.

Wetterfühligkeit

Bei Umfragen berichten bis zu 50 Prozent aller Migräniker, daß ihre heftigsten Schmerzattacken durch Luftdruckabfall, Wetterumschwung und/oder Föhn ausgelöst werden.[55] Beinahe jeder zweite Mensch mit Migräne reagiert also überempfindlich auf die Launen des Wetters.

Bereits Säuglinge sind wetterfühlig. Frauen klagen häufiger und heftiger als Männer über das Wetter und damit zusammenhängende Beschwerden. Insbesondere in der Zeit hormoneller Umstellungen ihres Körpers (Pubertät, Schwangerschaft, Wechseljahre) sind Frauen besonders wetterfühlig.[56]

Heute gibt es weltweit wissenschaftliche Institute für Klimaforschung, die ihr Bestes tun, auch die Hintergründe der Wetterfühligkeit zu erforschen. Beispielsweise beschäftigt sich das Münchener Institut für medizinische Balneologie und Klimatologie intensiv damit, die Einwirkungen des Bioklimas auf die Gesundheit aufzuklären.[57]

Nach wissenschaftlich gesicherten Erkenntnissen fühlen sich die meisten Menschen bei stabiler Schönwetterlage gesundheitlich-seelisch wohl und belastbar. Auch die Migräne tritt dann seltener auf als sonst. Ausgeprägt schlechtes Wetter drückt zwar auf die Stimmung, die Gesundheit aber hat ansonsten kaum Nachteile davon zu erwarten (es sei denn, eine kräftige Erkältung). Es kommt offenbar nur darauf an, daß der Organismus genügend Zeit hat, sich einer bestimmten Witterungslage mit allen Organfunktionen anzupassen. Rasche und häufige Wetterwechsel dagegen bringen das feinabgestimmte vegetative System dcr Körperreaktionen durcheinander und wirbeln unter Umständen auch das »Gewitter im Kopf« herbei – die Migräne.

Wissenschaftlich anerkannt ist die Wetterfühligkeit bzw. der Klimastreß vor allem für ganz bestimmte Witterungs- und Klimareize – z.B. wenn eine bisher beständige Hochdrucklage kippt und eine Schlechtwetterfront heranrückt. Auch Schwüle und hohe Luftfeuchtigkeit werden von manchen Menschen nur schlecht vertragen. Desgleichen stellt ein plötzlicher Kälteeinbruch eine Belastung für das Herz-Kreislaufsystem und damit auch für die Hirngefäße dar. Nach neuesten wissenschaftlichen Erkenntnissen wird der Organismus vor allem durch den jeweiligen Luftdruck, die Temperatur und die Luftfeuchtigkeit beeinflußt. Haupteinwirkungsbereiche sind die Sinnesorgane, die Atmung und die Haut. Man braucht gar nicht nach draußen zu gehen, um das Wetter zu spüren. Wetterfühlige reagieren selbst auf feinste Luftdruckschwankungen auch durch dicke Mauern hindurch, z.B. im Bett während des Schlafens: Sie können dann mit einer dicken Migräne erwachen.

Auf bioklimatische Reize reagiert vor allem das vegetative, vom Willen nicht zu beeinflussende Nervensystem. Es ist Impulsgeber für Atemwege, Herz und Kreislauf, die dann zu bestimmten, von Mensch zu Mensch verschiedenen Überreaktionen neigen. Manche bekommen »vom Wetter« Herzrasen, anderen wird leicht schwindelig, sie taumeln wie betrunken, wieder anderen wird es »schwarz vor den Augen«, manche bekommen Schlafstörungen und/oder Verdauungsschwierigkeiten, oder das Zipperlein (Rheuma, Gicht) plagt sie. Auch alte Narben können dann (wieder) schmerzen. Manche Menschen neigen dann auch zu Depressionen – oder sie bekommen einen Migräneanfall. Insbesondere Menschen mit niedrigem Blutdruck (Hypotoniker) leiden unter den Unbilden der Wetterfühligkeit und neigen dadurch verstärkt zur Migräne. Im Blutserum kann möglicherweise eine verstärkte Ausschüttung von Serotonin (siehe hierzu auch S. 70) beobachtet werden. Biologen führen diese Reaktionen auf bio-elektrische Ladungswolken zurück, die den wechselnden Wetterfronten vorgeschaltet sind.[58]

Wetterfühligkeit bessert sich selten: Meist reagiert der Körper im Laufe der Zeit nur noch empfindlicher auf Klimareize. Weil meine Migräne bei steifem hamburgischem Nord-Nordostwind in den letzten Jahren allzu schlimm wurde, habe ich mir aus lauter Verzweiflung ein »bioklimatisches Wohngutachten« vom Deutschen Wetterdienst, Wetteramt Essen, erstellen lassen.[59]

Darin wird mir als einzig verträglicher Dauerwohnsitz eine Gegend mit Schonklima bzw. reizmildem Klima empfohlen, in erster Linie also die deutschen Mittelgebirge zwischen 350 und 800 Meter Höhe über dem Meeresspiegel, jedoch nicht in Flußniederungen. Es folgten Angaben von Orten und Kleinstädten, wo es sich für mich besonders gut, will sagen, migränefrei leben ließe. Wir haben tatsächlich vor, eines Tages, wenn es beruflich möglich ist, unseren Dauerwohnsitz dorthin zu verlegen. Vielleicht wäre dies dann ja auch die konsequente Lebensumstellung, die sich bei manchen chronischen Leiden empfiehlt – und die gerade Migränekranken immer wieder angeraten wird, wenn sie ihr Leiden aus eigener Kraft endlich abschütteln wollen.

Denn eine gezielte Behandlung oder gar Heilung von Menschen, die unter Wetterkopfweh leiden, gibt es bisher leider noch nicht. Mediziner nehmen allerdings an, daß allgemeine Erschöpfung – etwa nach einer schweren Erkrankung, nach seelischen Erschütterungen etc. – die Bereitschaft zur Wetterfühligkeit erhöht. Die Betroffenen müßten sich demnach nur gründlich ausruhen und erholen, und sie könnten den Launen des Wetters gekräftigt entgegentreten. Mich haben Wetterwechsel allerdings oft auch dann heimgesucht, wenn ich besonders ausgeruht, rundum glücklich und zufrieden war. Grau ist also alle Theorie …!

Manchen Patientinnen und Patienten helfen Medikamente, die gegen zu niedrigen Blutdruck verordnet werden. Auch ich habe diese Mittel bekommen und brav eingenommen. Meine Erfahrung: Wenn es mir gut ging, spürte ich meinen relativ niedrigen Blutdruck ohnehin nicht, und dann brauchte ich auch keine Medikamente. Sackte mein Blutdruck aber in den Keller, konnten ihn auch die tollsten Pillen nicht wieder hochkriegen. Und erst recht nicht das vielgepriesene Gläschen Sekt »für den Blutdruck«. Davon wurde mir nur übel. Meine Migräne folgte vielmehr meinem Blutdruck: schlechte Kopf- und Hirndurchblutung = Migräneschmerzen. Dann half mir nur eines: möglichst viel Bewegung, am besten Fahrradfahren, eine flotte Wanderung oder Schwimmen im nicht zu kalten Wasser. Oder leichte Hausarbeit, bis der Kreislauf wieder in Schwung kam. Auch ein doppelter Espresso, eine Tasse kräftig gesalzener Fleischbrühe oder einfach eine Tomate mit Salz zum Anheben des Blutdrucks – das waren und sind meine besten ersten Hilfen gegen wetterbedingte Migräneanfälle. (Mehr Selbsthilfetips ab S. 157)

Andere Umweltreize

Weil bei Migränepatienten im Vorfeld eines akuten Schmerzanfalls alle Sinnesorgane überreagieren, gewinnen auch schädliche Umweltreize eine besonders schmerzfördernde Bedeutung.

Licht und Lärm: Flimmernde Lichtreflexe am Arbeitsplatz oder zu Hause können bei dafür anfälligen Migränikern einen akuten Schmerzanfall auslösen. In Frage kommen z.B. flackernde Bildschirme, falsch eingestellte oder schlecht funktionierende Computer-Monitoren, stundenlanges Arbeiten am Bildschirmgerät oder zu langes Fernsehen, flimmernde Kinofilme, flackerndes, zuckendes Disko-Licht oder grell aufblitzende Laser-Light-Shows sowie Blitzlichter beim Fotografieren.

Auch die grelle Sonne, das helle Tageslicht oder blendend weißer Schnee bzw. Schneegestöber, Graupelschauer oder schwere Regengüsse, die endlose Weite des Wüstensandes oder die Glitzerfläche des Meeresspiegels werden von Migräneanfälligen – je nach ihrer persönlichen Tagesform – als unangenehm empfunden. All diese Reizwahrnehmungen, die über die Augen ans Gehirn weitergeleitet werden, können dort ein »Blitzlicht-Gewitter« auslösen.

Ähnliches gilt für Lärmbelästigungen aller Art zu Hause und am Arbeitsplatz, zum Beispiel: aufdringlicher Bau- und Verkehrslärm, laute, unwillkommene Musik, das unfreiwillige Mitanhörenmüssen von Geschrei oder Streit (ganz zu schweigen vom Streiten selbst!), aufdringlich kläffende, miauende oder zwitschernde Haustiere, elektronische Piepsignale oder das Klappern von Schreibmaschinen in Büroräumen, laut ratternde Druckgeräte an Computerarbeitsplätzen, dröhnend lärmendes Produktionsgetöse in Werkhallen, geschäftiger Lärm in Großraumbüros usw.

Die meisten Migräneanfälligen geben jedoch an, daß sie derartige Geräusche normalerweise überhaupt nicht stören bzw. daß diese zu ihrem gewohnten (Arbeits-)Alltag gehören. Nur wenn das vegetative Nervensystem übermäßig beansprucht oder gereizt ist, werden Töne zu Migräne-Triggern.

Gerüche: Abgesehen davon, daß Migränekranke vor einem akuten Schmerzanfall sehr häufig eine übersteigerte Geruchswahrnehmung haben (die ein Symptom der sogenannten »Migräne mit Aura« ist, siehe auch S. 25), kann Geruchsbelästigung aller Art auch die akuten Migräneschmerzen nachhaltig verschlimmern. Dazu gehört schlechte, verbrauchte Luft mit wenig Sauerstoff; auch verqualmte Räume voll Zigaretten-, Pfeifen- oder Zigarrenrauch sind wahre »Migräne-Locker«. Das nachweislich ungesunde Passiv-Mitrauchen-Müssen kann dann Migräneanfälligen zur Qual werden und eine Schmerzattacke, die sonst vielleicht gerade noch abzuwenden wäre, voll zum Ausbruch bringen.

Auch ich habe es aufgegeben, dann noch besonders tolerant zu meinen gern rauchenden Mitmenschen zu sein: Ich sage klipp und klar, daß ich jetzt gleich Migräne kriege und daß sie das Rauchen deshalb doch bitte unterlassen möchten, sofern sie auf meine Anwesenheit Wert legen. Oder ich gehe einfach aus dem Raum.

Auch schädliche Ausdünstungen von Farben, Lacken, Leim, von Holzschutzmitteln oder von frisch verlegten Teppichböden steigen Migränikern besonders leicht »zu Kopfe«. Dies sollte vor allem vor Wohnungsrenovierungen und bei Neubauten bedacht werden. Auch deshalb sollte man am besten nur umweltfreundliche Materialien verwenden und notfalls so lange in anderen, nicht nach Imprägniermitteln riechenden Räumen übernachten, bis auch in der neuen Wohnung keine schädlichen Gerüche mehr »in der Luft liegen«.

(Wer in neu eingerichteten Büroräumen arbeiten muß, sollte sich notfalls an den Betriebsrat wenden, falls der Verdacht auf Schadstoffbelastung der Raumluft besteht. Lungenschädliche Asbestfasern kann man übrigens nicht riechen. Sollten schlimme Kopfschmerzen und Migräne als Reaktion auf eventuelle Substanzen in der Luft auftreten, ist am besten der Betriebsarzt oder die Berufsgenossenschaft zu Rate zu ziehen.)

Elektrosmog: Mehr und mehr sind unsere Arbeits- und Lebensräume elektrisch elektronisch vernetzt und verkabelt. Es gibt praktisch kaum noch einen Haushalt, der nicht eine Reihe von strombetriebenen Geräten besäße, die zumeist der Arbeitserleichterung oder der Unterhaltung dienen sollen. Abgesehen davon, daß wir mit unseren Energiequellen auf diese Weise beschämend verschwenderisch umgehen, können die dabei abgestrahlten Energiefelder (Streustrahlung) auch unserer Gesundheit schaden. Fachleute sprechen in diesem Zusammenhang von »Elektrosmog«.[60]

Spannungsfelder erzeugen vor allem folgende Elektroanlagen: Hochspannungsleitungen und Kraftwerke in der Nähe von Wohnsiedlungen, aber auch die vielen Elektrokleingeräte im Haushalt und in Wohn- und Schlafräumen – vor allem diejenigen, die ständig in Betrieb sind, vom Kühlschrank und Gefrierschrank bis hin zum Fernseher, Videoapparat und/oder Computer mit eingeschalteter »Stand by«-Funktion, nicht zu vergessen den Licht-Dimmer und den Radiowecker unmittelbar neben der Schlafstelle.

Immer mehr Menschen beobachten selbst, daß sie in der Nähe elektrischer Reizfelder verstärkt zu Unruhe und anderen Befindensstörungen wie z.B. Kopfschmerzen und auch Migräne neigen. Selbst das Benutzen elektrischer Heizdecken bleibt offenbar nicht ohne Auswirkungen auf die Körperzellen. Abgesehen von der erwünschten Erwärmung des Körpergewebes stieg laut einer Untersuchung der Internationalen Gesellschaft für Elektrosmogforschung bei 480 Benutzern von Heizdecken auch die meßbare elektrische Spannung im Körper von normalerweise wenigen Millionstel Volt auf Werte von über acht Volt an.[61] Man mag zu solchen Analysen stehen wie man will, verständlich wäre es schon, wenn der Körper auf eventuell zu lang andauernde, also mißbräuchlich angewendete Zufuhr von künstlich erzeugter Wärme überempfindlich reagiert – und die Betroffenen dann vielleicht Kopfschmerzen und Migräne bekommen.

Gerade Migräneanfällige sollten darum verstärkt darauf achten, am Arbeitsplatz und zu Hause so wenig wie möglich in Berührung mit Elektrosmog zu kommen. Insbesondere der Schlafraum sollte möglichst frei davon sein – also nicht etwa zur High-Tech-Stätte umfunktioniert werden, wo zufällig auch geschlafen wird. Darum am besten gar nicht erst Elektrogeräte im Schlafbereich installieren oder, wenn es sich gar nicht vermeiden läßt, wenigstens alle Netzstecker vor dem Schlafengehen herausziehen.

Ernährung/Allergien

Auch in puncto Migräne und Ernährung gibt es Neuigkeiten. Genauer erforscht sind jetzt die Ursachen, warum bestimmte Nahrungsmittel bei manchen Menschen akute Migräneattacken auslösen können. Schon länger wurde vermutet, daß Migräneanfällige auf gewisse Inhaltsstoffe in Nahrungsmittelgruppen überempfindlich, also allergisch reagieren könnten; dies hat sich inzwischen bestätigt. Gefährdet sind vor allem Kinder, deren Immunsystem erst noch ausreifen muß. Sie können aufgrund spezieller Reizstoffe in der Nahrung schlimmes Kopfweh bekommen – auch Migräne.

Nach Auskunft des Münchener Neurologen Dr. Volker Pfaffenrath, Präsident der Deutschen Migräne- und Kopfschmerzgesellschaft, können nicht nur Schokolade, Käse und Rotwein Migräne auslösen. Als Migräne-Trigger wirken bei entsprechender Veranlagung auch Bier, Weizenbier, Würstchen, Pizza, Heringe, Bananen, Joghurt, Kaffee und Cola-Getränke.[62] Mit Vorsicht zu genießen ist ferner Bohnenkaffee: Koffein kann bei manchen Menschen ebenso einen Migräneanfall herbeiführen wie der Koffein-»Entzug« am bürostreßfreien Wochenende.

Bekannt ist die Überempfindlichkeit vieler Menschen gegenüber Glutamat, dem Geschmacksverstärker, mit dem hauptsächlich chinesische Speisen gewürzt werden. Dieses »China-Essen-Syndrom« geht mit Hitzewallungen, Schweißausbrüchen, Herzrasen und stechenden einseitigen Kopfschmerzen einher, die in der Medizin auch als sogenannter Cluster-Kopfschmerz bzw. Bing-Horton-Syndrom bekannt sind. Die Symptome treten schon 15 bis 30 Minuten nach dem Essen auf und sind die Reaktion auf eine verstärkte Ausschüttung des Gewebehormons Histamin, das der Körper gegen das unverträgliche Glutamat ausschüttet (siehe auch S. 72).

Ein Gewebehormon, nämlich das Tyramin, sowie die Aminosäure Tyrosin sind auch in Schokolade, Kakao und Käse enthalten. Wer dagegen allergisch ist, bekommt von diesen Nahrungsmitteln leicht eine Migräne. Auch Würstchen sowie Fertiggerichte aus Dosen und Tüten haben es mitunter in sich: Konservierungsstoffe wie z.B. Nitrat, das im Körper leicht zu gesundheitsschädlichem Nitrit umgewandelt wird, können ebenfalls Migräneattacken auslösen.[63]

Auf ganz andere Weise kann eine köstliche Leckerei Migränekranken nicht nur auf den Magen schlagen: Auch der Genuß von Speiseeis löst manchmal einen akuten Migräneanfall aus. Der Kälteschock (er ist bei Eiscreme aus fettreicher Milch sowie bei Softeis geringer als bei Eis auf wässriger Basis) wirkt über die Mundschleimhaut auf die Endigungen des Trigeminusnervs in der Mundhöhle und im Rachen ein. Dieser Reiz kann den Nerv rebellisch machen und so Migräne bewirken.

Wer den Verdacht hegt, eine ernährungsabhängige bzw. allergisch bedingte Migräne zu haben, kann durch ein gewissenhaft geführtes Migränetagebuch (siehe S. 136) leichter herausfinden, welche Nahrungsmittel eventuell als Migräne-Trigger in Frage kommen. Nahrungsmittelallergiker können sich grundsätzlich natürlich auch mit Weglaßdiäten behelfen. Sie können beispielsweise eine neuartige Immundiät ausprobieren, die die Münchener Ernährungsspezialistin Jutta Poschet zusammen mit dem Mediziner Dr. Jürgen K. Juchheim entwickelt hat: Dabei werden sämtliche Nahrungsmittel in Gruppen eingeteilt; nach einem ausgeklügelten System, nämlich nach einem ernährungsphysiologisch ausgewogenen Rotationsprinzip, darf dann nur in bestimmter zeitlicher Reihenfolge einmal etwas aus einer Nahrungsmittel-»Familie« gegessen werden. Danach hat der Körper wieder ein paar Tage lang Pause von bestimmten Nährmitteln, und so können sich keine gravierenden Überempfindlichkeitsreaktionen hochschaukeln (siehe auch S. 126).[64]

Bei chronischer Neigung zur Migräne kann das Übel übrigens auch »selbstgemacht« sein: Wer sich jahre- oder jahrzehntelang ungesund ernährt, kann schwere Verdauungsstörungen davontragen. Essen Sie vielleicht zuviel Fleisch und haben Sie nur unregelmäßigen oder zu harten Stuhlgang? Dann sollten Sie auf jeden Fall Ihre Ernährungsgewohnheiten überprüfen und auf gesunde Vollwertkost umstellen. Der hohe Anteil pflanzlicher Nähr- und Ballaststoffe verbessert auch Ihre Verdauung. In Erwägung ziehen sollten Sie auch einmal jährlich eine gründliche Darmreinigung und -sanierung, also

Entgiften und Entschlacken, vielleicht im Rahmen einer Heilfastenkur. Danach ist der Körper bestens vorbereitet für eine gesündere, bekömmlichere Ernährungsweise – weg von »Burgers« und Tiefkühlpizza, hin zu viel mehr Gemüse und Obst (möglichst auf fünf kleine Portionen täglich verteilt). Mir selbst sind eine Reihe von Migränepatienten bekannt, die schon während einer Heilfastenkur zum ersten Mal ihren Kopf frei von Migräne bekamen. Und dieser Effekt hielt auch weiterhin an, wenn sie die Ernährung auf Vollwertkost umstellten. (Kochkurse bieten z.B. die Volkshochschulen und Reformhaus-Akademien an, und gute Bücher zum Thema gibt es in Hülle und Fülle.)[65]

Damit frisch zubereitete, möglichst naturbelassene Nahrung wie z.B. Obst, Gemüse, Salate und Vollkornprodukte auch so gesund sind, wie sie aussehen, müssen sich die Verbraucher freilich darauf verlassen können, daß diese Lebensmittel tatsächlich aus gesundem Anbau stammen. (Nicht alles, was sich biologisch-dynamisch nennt, ist tatsächlich gesundheitlich empfehlenswert!) Für Qualität verbürgen sich einige Hersteller mit besonderem Gütesiegel bzw. Warenzeichen (in Reformhäusern und Naturkostläden im Handel).

Genußgifte (Alkohol/Nikotin)

Zwei Genußgifte stehen in engem Zusammenhang mit Migräne: Alkohol und Nikotin. Vom »ganz normalen Kater« nach zu heftigem Alkoholkonsum ist hier natürlich nicht die Rede. Und Kopfweh nach dem Genuß von Wein, der mit Zucker- und/oder Konservierungsstoffen versetzt wurde und der darum für manche Menschen unbekömmlich ist, äußert sich auch mehr als dicker Brummschädel denn als typische Migräne. Solche Kopfschmerzen bekommen auch Nicht-Migränekranke.

Dennoch kann Alkohol in jeder Form bei dafür empfindlichen Menschen das Migränegeschehen in Gang setzen: Weil sich danach die Blutgefäße u.U. kräftig erweitern, sackt der Blutdruck ab, und es kommt zu einer schlechteren Blutversorgung des Gehirns – selbst wenn einem nach Alkoholgenuß zunächst kurzfristig das Blut zu Kopfe steigt. So kann rascher als gedacht ein momentanes Chaos im Hirnstoffwechsel entstehen, das migräneauslösend wirkt, und zwar insbesondere dann, wenn weitere Migräne-Trigger hinzukommen, wie etwa allzu viel Streß – der ja vielleicht gerade mit Alkohol bekämpft werden sollte. Ein wahrer Teufelskreis also. So erklärt es sich auch, warum manche Menschen – so wie auch ich – nach dem Genuß auch nur eines einzigen Gläschens Sekt, zur Entspannung getrunken, garantiert Migräne bekommen. Allenfalls sollte man dann, wenn man spürt, daß sich die Blutgefäße im Kopf verkrampfen – etwa nach einem großen Schreck, bei übergroßer Freude oder ungewöhnlich heftigem Ärger –, wirklich nur einen winzigen Schluck Alkohol zu sich nehmen. Er genügt schon, um den Gefäßkrampf zu unterbrechen. Mehr wäre in solchen Situationen jedoch garantiert von Übel. Allerdings reicht schon der eine kleine Schluck und seine (Gefäß-)Wirkung bei manchen Menschen aus, um erst zum Streß- und dann zum Problemtrinker zu werden; sie sollten daher am besten grundsätzlich – auch in Erregungssituationen – die Finger vom Alkohol lassen. Gesünder ist es, gegen das spürbare Sichzusammenziehen der Blutgefäße im Kopf andere Selbsthilfemaßnahmen zu ergreifen: zum Beispiel schnell ein Glas heißes Wasser trinken, sich die Haare waschen oder auch nur mit dem Fön die Nackenpartie mit heißer Luft umgeben, bis der Schweiß ausbricht. (Weitere Selbsthilfetips ab S. 174.)

Neu diskutiert wird die Frage, was die bekannten »Rotweinkopfschmerzen« auslöst, auch in Form einer akuten Migräne. Dr. Merton Sandler von der britischen Princess Margaret Migraine Clinic in London ist, ebenso wie seine

Kollegen Dr. Herbert Kaufmann und Dr. David Starr vom Mount Zion Hospital San Francisco, neuerdings zu dem Schluß gekommen, daß dieses Kopfweh bzw. diese Migräne vielleicht doch nicht auf ein allergisches Geschehen zurückzuführen ist: Die Migräne nach dem Genuß von Rotwein könne nämlich verhindert werden, wenn man vorbeugend entzündungshemmende Medikamente einnimmt, sogenannte Antiphlogistika. Wahrscheinlich, meinen die Wissenschaftler, leiden die betroffenen Patienten an einer bestimmten Stoffwechselstörung: Die Fermente des Rotweins veranlassen gefäßwirksame, krampfauslösende Gewebehormone, nämlich die Prostaglandine, zu verstärkter Aktivität. Die Folge ist ein akuter Migräneanfall. Er könnte – theoretisch – durch die Einnahme spezieller Gegenmittel, sogenannter Prostaglandinsynthesehemmer, verhindert werden.[66]

Erfahrene Ärztinnen und Ärzte warnen jedoch vor diesem Arzneimitteltrick: Medikamente, die den Prostaglandinstoffwechsel im Körper blockieren (dazu gehören auch bestimmte entzündungshemmende Mittel, vor allem Paracetamol), sind in Verbindung mit Alkohol gesundheitsschädlich – sie belasten die Leber stark, weil dann im Leberstoffwechsel spezielle Giftstoffe entstehen. (Darum darf man auch nie Kopfwehtabletten vor, während oder unmittelbar nach Alkoholgenuß einnehmen, etwa um einem Kater möglichst frühzeitig vorzubeugen!) Wer also weiß, daß er oder sie Rotwein schlecht verträgt, sollte lieber ganz darauf verzichten.

Raucherinnen und Raucher wissen es meist ganz genau: (Zuviel) Nikotin ist in hohem Maße ungesund, denn Nikotin wirkt als Gefäßgift. Es hat sogar eine Sofortwirkung auf die Blutgefäße und verengt sie. Gefäßkrämpfe (Spasmen) werden also begünstigt, und das ist schlecht für Migräneanfällige – von den anderen schädlichen Nebenwirkungen des Nikotins und Teerkondensats auf andere Organe ganz zu schweigen.

Nur in einer einzigen, sehr kurzfristigen Situation ist es denkbar, daß eine Zigarette vielleicht hilfreich sein könnte: wenn nämlich nach einem bereits bestehenden Gefäßkrampf die schlagartige Erweiterung der Blutgefäße einsetzt, was ja bekanntlich erst den gefürchteten Migräneschmerz auslöst. Dann kann eine kleine Dosis Nikotin das abrupte Erschlaffen der Blutgefäße u.U. etwas abfedern und dafür sorgen, daß dieser Prozeß nicht so vehement und rasch erfolgt. Jede weitere Zigarette ist in einer so kritischen Phase wie der kurz vor einem akuten Migräneanfall eindeutig von Übel.

Und daß während eines schmerzhaften Migränezustands nicht geraucht werden sollte, dürfte selbst den leidenschaftlichsten Rauchern klar sein. Des weiteren sollten gerade Migräneleidende alle Risikofaktoren meiden, die ihr ohnehin labiles Gefäßsystem zusätzlich belasten oder gar dauerhaft schädigen. Und dazu zählt nun einmal das Gefäßgenußgift Nikotin. Zur allgemein gesünderen Lebensweise, die Migränepatienten sich aneignen sollten, gehört daher langfristig vor allem der Verzicht auf Nikotin.

Noch ein Wort an die gern rauchenden Mitmenschen: Bitte nehmen Sie Rücksicht auf Ihre migräneanfälligen Lebenspartner, Kollegen, Freundinnen und Freunde! Wenn Sie selbst nicht an Migräne leiden, können Sie sich vielleicht gar nicht vorstellen, wie sehr das Passiv-Mitrauchen-Müssen jemanden quält, der gerade Migräne hat. Tabakqualm löst dann reflexartig Übelkeit bis hin zum Erbrechen aus. Darum sollten Migräniker darauf bestehen, daß zumindest während einer akuten Migräne in ihrer Nähe nicht geraucht wird. Oder sie sollten die Möglichkeit haben, im Büro beispielsweise in einer Nichtraucherzone ihren Arbeitsplatz einrichten zu können.

Blutdruck/Blutzucker

Auch die Blutdruckverhältnisse des Körpers sowie der jeweilige Blutzuckerspiegel spielen beim Migränegeschehen eine nicht unbedeutende Rolle. Sie können im ungünstigsten Fall sogar als Migräne-Trigger wirken.

Niedriger Blutdruck (Hypotonie)
Allzu niedriger Blutdruck (noch unter 110/60 Millimeter auf der Quecksilbersäule des Meßgerätes) löst häufig eine Migräneattacke aus. Insbesondere Frauen neigen zu niedrigem Blutdruck (Hypotonie), ohne daß sie jedoch immer spürbar darunter leiden. Nur wenn das vegetative Nervensystem zusätzlich überreizt ist, ergibt sich ein Mißverhältnis zwischen dem Blutdruck und der nervösen Überaktivität. Ärztinnen und Ärzte geben diesem – noch nicht krankhaften – Zustand gern den Verlegenheitsnamen »vegetative Dystonie«.

Normalerweise versorgt der Blutkreislauf das Gehirn unter allen Umständen zuverlässig mit genügend Blut, damit die lebensnotwendige Sauerstoffzufuhr aufrechterhalten bleibt. Das gilt sogar bei Unfällen: Gehirn und Herz werden als wichtigste Organe mit Blut durchströmt, auch wenn dafür Blut aus den äußeren Körperteilen wie z.B. den Gliedmaßen, den Fingern, Zehen und der Nasenspitze »abgezogen« werden muß und diese ganz blaß werden.

Migränekranke weisen mitunter eine eigentümlich bleiche Gesichtsfarbe auf; trotzdem fühlen sie ihr Blut zusammen mit dem Pochen des Migränekopfschmerzes heftig an den Schläfen oder am Hals pulsieren. Die Haut wird also schlecht durchblutet, während die Blutfülle in den tieferen Gewebeschichten ansteigt – eine ganz besondere Art der Durchblutungsstörung.[67]

Britische Forscher fanden jetzt heraus, daß wahrscheinlich ein akuter Mangel an Noradrenalin solche Durchblutungskrisen im Gehirn auslöst.[68] Dieses Streßhormon putscht bei plötzlichen Aufregungen oder in Notsituationen zusammen mit dem zweiten Streßhormon, dem Adrenalin, den Blutdruck in die Höhe. Unmittelbar danach aber sinkt der Blutdruck wieder drastisch ab, was dann eine Migräneattacke auslösen kann.

Es lohnt sich für Migräneanfällige mit niedrigem Blutdruck auf jeden Fall, zu versuchen, ihrem Blutdruck etwas auf die Sprünge zu helfen – am besten durch regelmäßigen leichten Sport, der einen gewissen Druck auf die Venenmuskelpumpe der Beine ausüben muß, damit das Blut nicht länger in der unteren Körperhälfte »versackt«, sondern kopfwärts hochgepumpt wird. Jogging ist jedoch für Hypotoniker während akuter Blutdruckkrisen ziemlich ungeeignet, weil der Blutdruck danach ebenfalls wieder »in den Keller« des Körpers abrutscht. Mir hilft dann besser Radfahren – und zwar sportlich angestrengt bei jedem Wetter! Auch längeres Schwimmen in kaltem Wasser (bzw. in Wasser, das als zu kalt empfunden wird) senkt eher noch den Blutdruck.

Hausfrauen, die täglich treppauf, treppab unterwegs sind, (z.B. im Reihenhaus mit steiler Treppe) werden ihre venösen Blutstauungen meist sehr rasch los – und damit auch oft einen Trigger ihrer Migräne. Fazit: Alle Sportarten, die nur kurzzeitig betrieben werden, haben unmittelbar danach ein Absinken des Blutdrucks zur Folge. (Darum werden sie ja auch gegen Bluthochdruck als – leichtes! – Training empfohlen.) Ausdauernd betriebener Sport bekommt Hypotonikern meist besser.

Frauen, die viel und lange stehen müssen, z.B. Verkäuferinnen, wissen aus Erfahrung meist selbst, was ihnen am besten gegen den absinkenden Blutdruck hilft: Stützstrümpfe tragen (das ist keine Schande – sogar Chirurginnen und Chirurgen tragen sie bei längeren Operationen!), häufig die Schuhe und die Absatzhöhe wechseln, immer wieder hin und her gehen, in der Mittagspause an der frischen Luft laufen.

Junge Mädchen, die vor allem in der Pubertät häufig zu Blutdruckschwankungen neigen – und auch schon mal in einer akuten Mangeldurchblutungssituation, zum Beispiel nach längerem Stehen, ohnmächtig werden können (orthostatisches Syndrom) –, bekommen auch leicht Migräne. So schwer es ihnen fallen mag, dann nicht das Bett zu hüten, so sollten sie doch besser aufstehen und Sport treiben. Dann verschwinden nämlich Schwindel, Übelkeit und Kopfschmerzen.

Auch Wechselduschen, Umstellen der Ernährung auf mehr vegetarische Rohkost, Körner essen (täglich Gerstenbrei!) und Kräutertee (Rosmarin, Majoran) helfen dem Blutdruck auf.

Ganz wichtig: Wenn der Blutdruck abzusacken droht, gleich eine Tasse salzige Brühe trinken! Salz treibt den Blutdruck rasch in die Höhe.

Hoher Blutdruck (Hypertonie)

Auch zu hoher Blutdruck (ab 140/90 Millimeter auf der Quecksilbersäule des Meßgerätes), medizinisch Hypertonie genannt, führt oft zu Kopfschmerzen – nur selten jedoch zu einer »echten« Migräne. Hypertoniker fühlen meist einen unerklärlichen Druck im Kopf, so als ob ihnen ein drückender Helm übergestülpt wäre. Der typische Hochdruckkopfschmerz kann länger andauern und ist oft das erste Krankheitsanzeichen, das die Betroffenen zum Arzt führt.

Bluthochdruck muß immer ärztlich behandelt werden. Mitunter hilft es den Hypertonikern jedoch schon, wenn sie Diät halten und etwaiges Übergewicht abbauen.

Gegen blutdruckbedingte Kopfschmerzen bzw. Migräne nur Schmerztabletten zu schlucken, ist unsinnig, ja sogar gefährlich. Damit werden allenfalls sehr kurzfristig die Schmerzen unterdrückt. Die eigentliche Ursache, der Bluthochdruck, bleibt davon aber unbeeinflußt (und kann viel Schaden anrichten, etwa zu Herz- und Hirninfarkt führen).

Sorgen bereitet vielen Migräneanfälligen die Warnung amerikanischer Ärztinnen und Ärzte, wonach Migränekranke ein doppelt so hohes Risiko wie andere Menschen haben sollen, später einen Schlaganfall zu erleiden. Zu diesem Ergebnis kommt eine Studie der amerikanischen Harvard-Universität in Boston/Massachusetts, an der sich 22 000 (!) Ärzte und Ärztinnen beteiligten. Die Ergebnisse dieser Arbeit müssen jedoch erst noch weiter wissenschaftlich überprüft werden.

Die Leiterin der US-Studie, Dr. Julie E. Buring vom Brigham and Women´s Hospital in Boston, hält es jedoch für nötig, darauf hinzuweisen, daß die noch immer zur Migräne-Prophylaxe verordneten Ergotamine (Mutterkorn-Präparate) möglicherweise zur Steigerung des Schlaganfallrisikos beitragen könnten.[69] Einige erfahrene Schmerztherapeuten in Deutschland halten die Anwendung von Ergotaminen zur Migränevorbeugung inzwischen sogar für einen ärztlichen Kunstfehler und warnen daher dringend vor (zu) häufigem Gebrauch.

Allerdings zeichnet sich in letzter Zeit ab, daß vor allem junge Frauen, die unter Migräne leiden, die aber auch rauchen und die Antibabypille einnehmen, gefährdeter als andere sind, in jungen Jahren eine Art Schlaganfall zu erleiden. Vor dieser Gefahr warnte Dr. Jes Olesen vom Gentofte Hospital in Dänemark auf dem 6. Internationalen Kopfschmerz-Kongreß in Paris.[70] Dieses Risiko grenzte Prof. Dr. G. S. Barolin vom Ludwig-Boltzmann-Institut für Neuro-Rehabilitation und -Prophylaxe des Landesnervenkrankenhauses Valduna in Vorarlberg/Österreich noch genauer ein: Demnach hat ein schlaganfallähnliches neurologisches Krankheitsgeschehen im Zusammenhang mit Migräne nichts mit dem typischen »klassischen« Schlaganfall älterer Menschen zu tun. Vielmehr hält es der Neurologe für notwendig, »gewisse seltene, den Migräneanfall überdauernde, neurologische Defizite« von einem

»echten« Schlaganfall deutlich abzugrenzen und diese Krankheitsanzeichen gesondert zu betrachten. Sie unterscheiden sich nämlich in folgenden Punkten deutlich von einem »normalen« Schlaganfall (Insult):

- betroffen sind erstaunlich viele junge Frauen,
- die zusätzlich rauchen und Hormone zur Empfängnisverhütung einnehmen;
- bei diesen »Pseudo-Schlaganfällen« entstehen meist nur leichtere gesundheitliche Schäden, von denen sich das Gehirn sehr gut wieder erholen kann;
- auch die Hirnstrombilder (Elektroenzephalogramme/EEGs) unterscheiden sich deutlich von denen »echter« Schlaganfälle.

Auf die Lebenserwartung hin betrachtet, zählt Prof. Barolin die Migränekranken nach wie vor zu den Menschen, die im Alter ein eher geringes Schlaganfallrisiko haben – weil die meisten Migräneleidenden einen (zu) niedrigen Blutdruck haben und darum weniger gefährdet sind, einen blutigen oder unblutigen Hirninfarkt zu erleiden.[71]

Auch deutsche Wissenschaftler hatten schon beobachtet, daß sich bei kernspintomographischen Untersuchungen im Gehirn von Migränekranken auffällig veränderte Gewebebereiche (fleckförmige Läsionen mit erhöhter Gewebedichte) fanden. Privatdozent Dr. Andreas Ferbert von der Neurologischen Klinik der Rheinisch-Westfälischen Technischen Hochschule (RWTH) Aachen hält es für möglich, daß es sich dabei um Mini-Infarkte im Gehirn handeln könnte, die den Betroffenen jedoch (noch) keine spürbaren Beschwerden bereiteten.[72] Alle untersuchten Migränepatientinnen und -patienten hatten »ihre« Migräne mit Aura erlebt. Bei der Kontrollgruppe, die genauso untersucht wurde, handelte es sich um kopfschmerzgesunde Freiwillige, ebenfalls beiderlei Geschlechts.

Nachteil dieser Studie: Es konnte nicht gezeigt werden, ob es sich bei den auffälligen Veränderungen im Gehirn tatsächlich um Folgeschäden von Migräne handelte – ja, ob diese Veränderungen im Gehirn überhaupt im Zusammenhang mit Migräne standen und ob sie von irgendeiner medizinischen Bedeutung für das Wohlbefinden und die Gesundheit der Betroffenen waren und sind.

Dennoch ist es bestimmt nicht falsch, schon möglichst frühzeitig etwas für die Gefäßgesundheit zu tun. Dazu gehört beispielsweise das Einnehmen von Ginkgo-Extrakt und von Rutin-Präparaten. Gingko biloba (gilt als einer der ältesten Bäume in der Zeitrechnung der Menschheitsgeschichte) sowie Gartenraute und Roßkastanie enthalten natürliche pflanzliche Wirkstoffe, welche die Gefäßwände stabil, dicht und zugleich geschmeidig halten. Sie werden dann weniger leicht brüchig und können bis ins hohe Alter ihre Funktionsfähigkeit behalten. Ginkgo-Extrakt wirkt außerdem speziell auf die Hirndurchblutung und verbessert so die Blutversorgung dieses lebenswichtigen Organs. Sowohl Ginkgo-Extrakt als auch Rutin-Präparate, gewonnen aus der Raute der Roßkastanie, sind in Deutschland als Arzneimittel zugelassen. Jedoch erstatten die Krankenkassen meist nicht (mehr!) die Kosten.[73]

Blutzuckermangel

Hunger ist häufig der Auslöser einer besonders heftigen Migräneattacke. Wer länger nichts gegessen hat, kann sich bald auch nicht mehr richtig konzentrieren, wird nervös und muß manchmal sogar vor Hunger gähnen. Für Zuckerkranke (Diabetiker) können Hungergefühle sogar sehr gefährlich werden: Der Blutzuckerspiegel sinkt dann so abrupt ab, daß die Patienten das Bewußtsein verlieren können (diabetisches Koma).

Migräneanfällige merken meist sehr genau, wann ihr Blutzuckerspiegel bedenklich absinkt und in ihrem Kopf daraufhin »die große Leere« einsetzt: Das Gehirn braucht Glukose aus dem Blut, um fit zu bleiben.

Der Blutzucker wird von der Leber aus Kohlenhydraten und Zuckerstoffen der Nahrung gewonnen. Der Glukosespiegel im Blut wird von dem Hormon Insulin und vom Streßhormon Adrenalin reguliert. Es kann also passieren, daß ein akuter Mangel an diesen Hormonen die Unterzuckerung im Blut – und damit auch den Migräneanfall auslöst.

Wer so eine Hungermigräne herannahen fühlt, sollte gleich etwas essen, zum Beispiel einen Apfel, ein Brot, Traubenzucker oder ein Stück Schokolade. Es muß auf jeden Fall ein Nahrungsmittel sein, das vom Stoffwechsel schnell verwertet und in Blutzucker umgewandelt werden kann (also nicht etwa ein Steak verzehren!). Auf diese Weise lassen sich Attacken von Hungermigräne oft gerade noch rechtzeitig abfangen.

Da eine Unterzuckerung auch nachts vorkommen kann, wachen manche Menschen deswegen aus dem Schlaf auf – mit beginnender Migräne. Dann sollten Sie unbedingt eine Kleinigkeit essen. Oft zieht sich dann auch die Migräne wieder zurück. Und Ihr Blutzuckerspiegel normalisiert sich, so daß Sie gut und ruhig weiterschlafen können.

Weitere Beschwerden im Kopfbereich

Migräne kann mitunter auch von Erkrankungen im Bereich des Kopfes und der Halswirbelsäule herrühren. Viele Betroffene machen sich zunächst (unnötig) Sorgen, sie könnten an einem Hirntumor leiden. Dies ist zum Glück nur selten der Fall. Anhaltspunkte für ein »raumforderndes« Geschehen im Gehirn, wie die Mediziner solche Geschwulstleiden nennen, sind *Veränderungen* eines schon länger bekannten und auch gewohnten Migräneschmerzes. Auch wenn ganz plötzlich unerklärliche Kopfschmerzen auftreten – gleich, ob einseitig oder in den ganzen Kopf ausstrahlend –, sollte eine ärztliche Untersuchung vorgenommen werden. Es gibt heute modernste Untersuchungsverfahren wie etwa die Computertomographie und die Protonen-MR-Spektroskopie, die genaueste Informationen über den Zustand des Gehirns und eventueller Krankheiten liefern können (siehe ab S. 127).

Beschwerden der Halswirbelsäule

Nicht selten steckt hinter den Migränebeschwerden eine Erkrankung der Halswirbelsäule (HWS). Die Schmerzen strahlen dann in den Hinterkopf und bis zu den Schläfen, der Schädeldecke und zur Stirn hin aus. Besonders betroffen von Abnutzungserscheinungen sind die Wurzeln der oberen Halswirbelsäulensegmente 2 und 3. Der Arzt und Migränetherapeut Dr. Bernard A. Bäker hat bei 80 Prozent seiner Migränepatientinnen und -patienten eine Beteiligung der Halswirbelsäule festgestellt.[74]

Auch Unfallverletzungen und deren Folgen – etwa nach einem Schleudertrauma – können ein HWS-bedingtes Migräneleiden (mit)verursachen.

Viele erfahrene Chirotherapeuten bzw. Chiropraktiker sind, so wie auch manche Orthopäden und Sportärzte, der Ansicht, daß sich Fehlbelastungen der Halswirbelsäule und deren Folgeschäden (solange diese noch nicht jahrzehntelang bestehen und daher kaum mehr heilbar sind) relativ gut therapeutisch in den Griff bekommen lassen. Mit geschickten Handgriffen vermögen diese Experten die HWS wieder korrekt »einzurenken«. Oder sie empfehlen den Patienten spezielle Übungen sowie Massagen zur Lockerung und Entlastung der Wirbelkörper. Damit werden auch Nervenstränge bis hoch zum

Hauptschmerznerv, dem Trigeminus (der im Schädelbereich bis ins Gesicht hinüber verläuft), von Verspannungen und schmerzhaftem Druck befreit.

Doch Vorsicht: Lassen Sie niemanden Hand an Ihre Halswirbelsäule anlegen, der nicht große Erfahrungen mit dieser manuellen Therapie des »Zurechtrückens« der HWS hat! Sie könnten schwere, ja irreversible Schädigungen an der Halswirbelsäule davontragen.[75] (Siehe auch S. 159.)

Von psychologischer Seite wird HWS-Beschwerden erst seit kurzem die ihnen gebührende Beachtung geschenkt. Wer krampfhaft stets »den Kopf hochtragen« soll oder muß, wer ihn also niemals »hängen lassen« darf, kann von einer solchen fast zwanghaften (Fehl-)Haltung auch Kopfweh und Migräne bekommen.

Eine psychotherapeutische Behandlung kann das Schmerzleiden freilich nur dann positiv beeinflussen, wenn noch keine organischen Veränderungen im Bereich der Halswirbelsäule vorliegen und sich die Beschwerden zunächst (noch) auf muskuläre und nervliche Verspannungen zurückführen lassen. Auf jeden Fall ist es günstig, eine eventuelle Psychotherapie durch praktische Maßnahmen wie z.B. Krankengymnastik, Massagen, Entspannungsübungen, Yoga, Eutonie oder durch eine andere gezielte Körpertherapie zu unterstützen. (Siehe auch ab S. 157.)

Hals-Nasen-Ohren-Beschwerden

Was viele Menschen nicht wissen: Auch Hals-Nasen-Ohren-Krankheiten können eine Migräne verursachen. Ein Hirnnerv, der als besonders schmerzanfällig bekannt ist, ist der Nervus Trigeminus. Er verläuft vom seitlichen Hinterkopf über die Schläfe gesichtswärts und besitzt sowohl Endigungen innerhalb der Nase als auch im Rachen bzw. in der Mundhöhle. Ein Nebenast dieses Nervs führt bis zur Ohrmuschel.

Akute oder chronische Entzündungen dieser Organe können daher auch dem oft überempfindlichen Trigeminusnerv erheblich zusetzen und die schlimmsten neuralgischen Schmerzattacken auslösen. Der Neurologe und Neurochirurg Prof. Dr. Michael A. Moskowitz, Harvard Medical School, Boston/USA, sieht im Trigeminusnerv sogar den Hauptschuldigen für die meisten neuralgischen *und* gefäßbedingten Kopfschmerzen sowie Migräneanfälle.[76] Die Blutgefäße im Einzugs- und Wirkungsbereich des Trigeminusnervs spielen dabei zweierlei bedeutende Rollen, schreibt Moskowitz.

Im praktischen Leben bedeutet das: Jede Trigeminusreizung (bzw. -erkältung), aber auch eine Nasenschleimhaut- und chronische Nebenhöhlenentzündung, eine chronische Mandel- oder Mittelohrentzündung können unmittelbar zu einer – oft ebenfalls chronischen – Migräne führen. Die untersuchenden Hausärzte, Internisten und HNO-Ärztinnen und -Ärzte werden ebenso wie ihre geplagten Patienten dann nicht selten »an der Nase herumgeführt«: Es ist nicht leicht, ausfindig zu machen, was die wahre Ursache der Migräne ist. Natürlich kann auch eine Nasen-, Nebenhöhlen-, Mandel- und Ohroperation heftige Migräneattacken seitens des dabei mitverletzten Trigeminusnervs nach sich ziehen.

Augenkrankheiten

Auch ein erhöhter Augeninnendruck (Glaukom) kann Migräne auslösen. Wenn also alle internistischen und röntgenologischen Untersuchungen »nichts bringen«, sollte unbedingt noch eine augenärztliche Untersuchung erfolgen.

Es gibt außerdem noch die sehr seltene Form der sogenannten »Augenmigräne«. Sie betrifft hauptsächlich Patienten, die schon viele Jahre lang unter »klassischer« Migräne gelitten haben. Dabei treten die Schmerzen, meist ebenfalls einseitig, *hinter* dem Auge auf, verschonen aber eher den sonstigen Kopfbereich. Nach der Schmerzattacke können Lähmungserscheinungen an den Augenmuskeln auftreten und erhebliche Sehstörungen nach sich ziehen.

Früher nahmen die Ärzte an, daß Gefäßmißbildungen die Ursache dieser seltenen »Augenmigräne« seien. Bis heute ließen sich allerdings keine auffälligen Veränderungen der Gefäße oder sonstige anatomische Besonderheiten im Zusammenhang mit den Sehstörungen und dieser Form der Migräne nachweisen. Wahrscheinlich sind länger anhaltende Gewebeschwellungen (Ödeme), wie sie beispielsweise nach tagelanger Migräne auftreten, die Ursache dieser Sehbeschwerden.

Zahnleiden

Vorsicht sei ferner empfohlen bei komplizierten Zahn-, Mund- und Kieferbehandlungen. Massives Bohren kann bei Migränedisponierten ebenso eine akute Attacke nach sich ziehen wie Zahnextraktionen und kieferorthopädische Behandlungen. Falls die Migräne erstmals nach einer derartigen Behandlung auftritt, sollte unbedingt zahnmedizinischer und/ oder kieferorthopädischer Rat eingeholt werden.

Medikamente

Im Jahre 1995 schluckten die Bundesbürger drei Milliarden Schmerztabletten. Der Griff zur Tablette ist oft auch das erste und einzige, was den Migränekranken zu ihrem Problem einfällt. 50 bis 100 Mark geben viele jeden Monat nur für Schmerzmittel aus, berichtet der Schmerztherapeut Dr. Hugo Baar, Hamburg, Vorsitzender der Deutschen Schmerzhilfe e.V.[77] Weil eine Reihe von Antischmerzpräparaten noch immer rezeptfrei in Apotheken zu kaufen ist, ist der gesundheitsschädliche Mißbrauch von Schmerzmitteln gang und gäbe. Unter Migräneleidenden kursieren die tollsten Tips und Tricks, wie sie sich jederzeit Schmerzmittel auf Vorrat besorgen können, denn die Angst, einen neuen Migräneanfall möglicherweise ohne Kopfwehtabletten oder Zäpfchen aushalten zu müssen, ist für viele Betroffene so groß, daß ihnen allein schon dieser Erwartungsstreß eine der gefürchteten Attacken bereiten kann.

Migräniker neigen häufig dazu, ihr Leiden als einen persönlichen Makel zu empfinden. Und sie schämen sich oft so dafür, daß sie lieber jede Menge Schmerztabletten schlucken, als »unangenehm aufzufallen« oder gar am Arbeitsplatz zu fehlen. Manche sind wahre Meister im Verschleiern ihres Schmerzleidens, das sich dann nach langen Jahren des Ertragens und Erduldens schon als eigenständige Dauerkopfschmerzkrankheit verselbständigt hat.

Wie tief die Verzweiflung über die schier ausweglos scheinende Situation sein muß, dokumentiert eine weitere traurige Zahl der Deutschen Schmerzhilfe e.V.: Jährlich nehmen sich bis zu 1200 Menschen in der Bundesrepublik das Leben, weil sie mit ihrem Schmerzleiden nicht mehr weiterleben können oder wollen. Darunter sind auch zahlreiche Migränepatienten.[78]

Ein Allheilmittel gegen die Migräne ist bisher noch immer nicht gefunden. Wer es entdecken könnte, würde sich gewiß eine goldene Nase verdienen. Immerhin steht die Migräne in der Rangliste der ärztlichen Diagnosen an 18. Stelle.[79] Hier ein paar neueste – erschreckende – Zahlen:

- Die Kosten für die ärztliche Behandlung von Migränekranken betragen jährlich 31,7 Millionen DM,
- 29,7 Millionen werden für Klinikaufenthalte von den Krankenkassen bezahlt,
- 92,1 Millionen Mark entfallen allein auf ärztlich verordnete Migränemittel.[80]

Obwohl eine große Anzahl von Schmerzmitteln rezeptfrei zu kaufen und eine der Haupteinnahmequellen von Apotheken sind – jährlich werden allein vom Marktführer Thomapyrin® (Thomae) mindestens 20 Millionen Packungen abgesetzt! –, verschreiben auch Ärztinnen und Ärzte kaum eine andere Arznei so bereitwillig und häufig wie starke Schmerzmittel: Seit Jahren stehen diese an der Spitze aller Arzneiverordnungen in den alten und nun auch in den neuen Bundesländern. Nur kreislauf- und durchblutungsanregende Mittel, ebenfalls teilweise mit fraglicher Wirksamkeit, rangieren auf dieser pharmakologischen Hitliste noch vor den Kopfschmerz- und Migränepräparaten.[81]

Obwohl in allen Medien immer wieder darauf hingewiesen wird, daß Schmerzmittel gegen Migräne überhaupt erst (zusätzliche) Kopfschmerzen auslösen können, schlagen die meisten Migränekranken derlei Warnungen in den Wind. Eine typische Migräne-Dauerkopfschmerz-Karriere beginnt so: schon beim leisesten Anzeichen von Kopfweh vorsichtshalber eine Schmerztablette schlucken. Bald werden es zwei, und es dauert nicht lange, dann werden diese Mittel bereits fast jeden Tag geschluckt, auch wenn noch gar keine Kopfschmerzen zu spüren sind. An besonders schlimmen Migränetagen kommen Schmerzmittelabhängige dann nicht selten auf die Einnahme von täglich zehn (!) Kopfschmerztabletten oder die entsprechende Menge von Zäpfchen. Wenn dann noch Alkohol mit ins Spiel kommt (»ein Gläschen Wein, ein kleiner Cognac zur Entspannung«), ist die Doppelsucht gleich vorprogrammiert, und die langsame, aber sichere Vergiftung des Körpers nimmt ihren verhängnisvollen Verlauf.

Vor Schmerzmittelmißbrauch kann gar nicht eindringlich genug gewarnt werden. Noch immer ist er die Ursache der meisten Nierenleiden: Die Patienten müssen irgendwann an die künstliche Niere oder benötigen gar eine Nierentransplantation, warnt Prof. Dr. Hermann Sartorius, Hamburg (der einst die »künstliche Niere«, das Dialysegerät, aus den USA in Europa einführte). Am gefährlichsten sind die sogenannten Kombinationspräparate: Mittel mit mehreren Wirkstoffen, etwa Acetylsalicylsäure plus Paracetamol und/oder auch Koffein.

Auch Medikamente, die eigentlich zur Migränevorbeugung gedacht sind, können ihrerseits Kopfschmerzen und Migräne verursachen. Es handelt sich dabei hauptsächlich um verschreibungspflichtige Ergotaminpräparate, die Mutterkornalkaloide enthalten, das giftige »Schwarzkorn« des Getreides. Ihre Wirkstoffe sind zwar sehr gefäßwirksam und können, nach ärztlicher Verordnung eingenommen, Migräneanfälle verhindern und auch akute Schmerzen lindern. Diese Substanzen sammeln sich jedoch im Körper an, sie kumulieren. Dies bedeutet wiederum eine schleichende Vergiftung des Organismus. Und die kann ihrerseits Kopfschmerzen, aber auch schwere Durchblutungsstörungen, z.B. das »Raucherbein«, Herzanfälle und Bauchkrämpfe verursachen. Lisa Langbein und Erika Trappl nennen in der Neuauflage ihres Buches ›Kopfweh – Was tun bei Kopfschmerz und Migräne?‹[82] sogar die mißbräuchliche Schmerzmittelmenge, ab der mit Dauerkopfschmerz zu rechnen ist. Schon innerhalb der Zeitspanne von nur einem Monat können etwa 7000 Milligramm (7 Gramm) Acetylsalicylsäure bzw. 7500 Milligramm (7,5 Gramm) Paracetamol bzw. 20 Milligramm Ergotamintartrat (das sind Mutterkornalkaloide) täglichen Kopfschmerz auslösen. Werden diese Wirkstoffe weiter in solcher Menge eingenommen, sind Nierenschäden die sichere Folge.

Was die wenigsten wissen: Auch zuviel Vitamin B kann Nervenschäden und damit Neuralgien (z.B. im Kopf) auslösen.[83] Und nahezu jedes Medikament, jeder Wirkstoff kann als Nebenwirkungen u.a. auch Kopfschmerzen verursachen, viele sogar Migräne. So häufig verordnete Arzneimittel wie

Präparate gegen Erkrankungen des rheumatischen Formenkreises, gegen Gicht, Herzleiden, Bluthochdruck, niedrigen Blutdruck, durchblutungsanregende Mittel, Schlafmittel, Beruhigungsmittel, Antidepressiva gehören ebenso dazu wie Hormonpräparate zur Empfängnisverhütung, zum Abstillen, gegen Wechseljahrsbeschwerden, gegen Unfruchtbarkeit, Hodenhochstand, gegen Fettstoffwechselstörungen sowie Appetitzügler, Durchfallmittel, Magen-Darmpräparate, Mittel gegen Zuckerkrankheit, Schilddrüsenpräparate und Mittel gegen Allergien.[84] In Frage kommt also nahezu die gesamte Bandbreite an Arzneimitteln, welche die Medizin gegen Krankheiten aller Art zu bieten hat. Es liegt dann im Ermessen von Patient oder Patientin und Arzt bzw. Ärztin, eine vernünftige Nutzen-Risiko-Abwägung zu treffen und zu entscheiden, was wichtiger für die Gesundheit ist: die möglichst günstige Beeinflussung des Grundleidens oder das Vermeiden unerwünschter Nebenwirkungen wie z.B. Kopfschmerzen und Migräne als Folge von Medikamenteneinnahme.

Wenn bereits eine Abhängigkeit von Schmerzmitteln besteht – und das ist nach Meinung erfahrener Ärztinnen und Ärzte bei Patienten, die schon lange an Migräne leiden, fast immer der Fall –, muß das Übel von der Wurzel angegangen werden: Die Lösung heißt Entgiftung und Entwöhnung! Weil diese Worte vom Alkohol- und anderem Drogenentzug her bekannt sind, fühlen sich viele Betroffene davon zunächst nicht recht angesprochen. Es hilft aber alles nichts: Der erste Schritt zur Heilung auch einer Medikamentenabhängigkeit oder -sucht ist die ehrliche Selbsterkenntnis. Die Patienten *müssen* sich eingestehen, daß sie z.B. schmerzmittelabhängig bzw. -süchtig sind.

Der Schmerzforscher Prof. Dr. Wolfgang Forth, Vorstand des Walther-Straub-Instituts für Pharmakologie und Toxikologie der Universität München, hat ein Schema für die Anwendung von Schmerzmitteln entwickelt: Bedenklich ist bereits die regelmäßige Einnahme! Sie kann direkt in die Abhängigkeit führen:

Einnahme	Häufigkeit	Dauer	tägliche Einzeldosis
gelegentlich	6-8mal pro Jahr	2-3 Tage	2-3 Stück
regelmäßig	12 mal pro Jahr	3-4 Tage	3-4 Stück
häufig	14-20 mal p.J.	4-6 Tage	3-4 Stück
mißbräuchlich	nicht ärztlich verordnete, tägliche Einnahme unkontrollierter Dosismengen über Wochen, Monate ohne nennenswerte Unterbrechung		

Ein sicheres Anzeichen für eine bereits bestehende Schmerzmittelsucht sind auffällige Verhaltensänderungen: Wenn Patienten nämlich bereits *vorbeugend* eine oder gar zwei Schmerztabletten/-zäpfchen nehmen, noch bevor sie Kopfschmerzen bzw. Migräneanzeichen verspüren. Schon auf das vage Gefühl hin, in nächster Zeit könnte ein Migräneanfall bevorstehen, greifen Migräneanfällige dann oft »vorsichtshalber« zu einem Schmerzmittel.

Ein weiteres wesentliches Merkmal für *jede* Sucht – auch die nach Tabletten aller Art – ist die Beschaffungssorge: Wenn jemand unruhig wird, weil vielleicht nicht genügend (Schmerz-)Tabletten mehr im Hause sind, etwa weil das Wochenende bevorsteht, wenn die meisten Apotheken geschlossen haben (wo, sucht-erleichternderweise, noch immer die »kleinen Analgetika«, also leichte Schmerzmittel, rezeptfrei zu kaufen sind wie Bonbons!). Oder wenn Medikamentenabhängige ausgeklügelte Strategien entwickeln, wie sie an genügend Schmerzmittel für ihren mißbräuchlichen »Bedarf« herankommen können. Oder wenn sie sich Vorräte von Schmerzmitteln anlegen, Verstecke für »Notrationen« haben usw. Sollten Sie auch nur eine einzige derartige Verhaltensweise bei sich entdecken, so sind Sie bereits süchtig oder auf dem Wege dazu. Dagegen hilft kein Schämen oder Verschleiern, sondern nur praktisches Handeln – und zwar möglichst sofort. Nutzen Sie Ihre Energien positiv und versuchen Sie alles, um von Ihrer Sucht loszukommen – sei es durch heroische Selbstbehandlung (sie erfordert sehr viel Disziplin!) oder durch ein Entgiftungs- und Entwöhnungsprogramm (siehe S. 137). Im Zweifelsfall wenden Sie sich an eine schmerztherapeutische Beratungs- und Behandlungsstelle. Dort warten Spezialisten auf Sie, die Ihnen mit großer Erfahrung aus Ihrer Schmerzmittelabhängigkeit bzw. -sucht endlich wirksam heraushelfen können.

»Bauchweh« im Kopf: Migräne bei Kindern

In Deutschland leiden nach Schätzungen von Ärztinnen und Ärzten rund 5,6 Millionen Kinder unter Kopfschmerzen bzw. an Migräne. Was viele Eltern und auch Kinderärzte nicht wissen: Schon Kleinkinder können Kopfweh oder Migräne haben. Sie können ihre Beschwerden nur noch nicht genau benennen und klagen darum oftmals über »Bauchweh«, ohne zu wissen, daß der Kopf nicht zum Bauch gehört. In diesem frühen Kindesalter sind Mädchen und Jungen noch gleich häufig und gleich stark von Kopfschmerzen aller Art betroffen. Ob es sich dabei jeweils um Migräne (und welche Unterformen) handelt oder »bloß« um Kopfweh, ist natürlich schwer zu unterscheiden.

Schon in der Grundschule jammern neun von zehn Schülerinnen und Schülern immer wieder: Mir tut der Kopf so weh! In den letzten drei Jahrzehnten hat sich die Zahl eindeutiger Migräneanfälle bei Kindern fast verdreifacht, berichtete die Zeitschrift ›Brigitte‹ in ihrem Kopfschmerz-Dossier. Diese Zahlen basieren auf einer Befragung von rund 5000 Schülerinnen und Schülern in der Kinderschmerzambulanz der Kinderklinik Wuppertal. Es handelt sich dabei um die bisher erste und einzige Kinder-Kopfschmerz-Studie im geeinten Deutschland. Dr. Raymund Pothmann, der Leiter der Studie: »Das Ergebnis ist alarmierend – und noch schlimmer: Die Tendenz ist steigend!«[1]

In den sechziger Jahren litten erst 4,5 Prozent aller schulpflichtigen Kinder unter *regelmäßigen* Migräneanfällen. Vielleicht wurden damals die Kinder mit ihren Klagen auch nur nicht so ernstgenommen und seltener zum Arzt geschickt. Heute jedenfalls hat sich der Anteil kopfschmerzgeplagter Kinder, die deswegen in ärztlicher Behandlung sind, bereits vervierfacht.

Jungen sind schon erheblich früher als Mädchen Migräniker, nämlich bereits ab dem vierten oder fünften Lebensjahr. Mädchen bekommen gewöhnlich einige Jahre später Migräne – dann aber oft um so intensiver. Im Schnitt jedoch setzt die Migräne zwischen dem 10. und 20. Lebensjahr ein – mit einer deutlichen Verschiebung hin zum weiblichen Geschlecht.

Das Komplizierte an der Migräne im frühen Kindesalter ist: Jungen und Mädchen können ihre Schmerzen weder genau beschreiben, noch tritt die Migräne, so wie später im Erwachsenenalter, deutlich einseitig auf. Aus dem »Spannungskopfschmerz« im Kindesalter entwickelt sich vielleicht erst nach Jahren die typische Migräne. Die Veranlagung und die Schmerzempfindung sind jedoch bereits vorher da. Kinder flüchten sich vor dem Schmerz meist in einen tiefen Schlaf, aus dem sie anschließend schmerzfrei erwachen. Die Eltern sind darum in den meisten Fällen nicht weiter beunruhigt und suchen wegen der Kopfschmerzen ihres Kindes auch nicht eigens den Rat von Kinderärzten.

Wenn ihr Kind über Kopfschmerzen klagt, machen sich die Eltern aber doch Sorgen, ob hinter den Beschwerden nicht etwas Schlimmeres, etwa ein Gehirntumor, stecken könnte. Diese Angst ist in den allermeisten Fällen glücklicherweise unbegründet, bestätigen die amerikanische Nervenärztin Dr. Mary Lynn Chu und ihr Kollege Dr. Shlomo Shinnar, New York. Sie untersuchten rund 100 Kopfschmerzkinder im Alter bis zu sechs Jahren. Mit neun Jahren wurden die Mädchen und Jungen erneut untersucht. Bei keinem einzigen Kind hatte sich eine bösartige Gehirnerkrankung herausgebildet.[2]

Etwa 40 Prozent aller Migränekinder werden übrigens mit Beginn der Pubertät von ihrem Schmerzleiden befreit, und zwar bleibend. Die weniger glücklichen 60 Prozent bleiben häufig auch als Erwachsene migränekrank.[3]

Daß Kopfschmerzen und/oder Migräne schon im frühen Kindesalter ausbrechen können, ist freilich nicht allein einer möglicherweise vorhandenen Veranlagung des Kindes zur Migräne anzulasten. Schuld sind nach Ansicht der Duisburger Soziologen Uwe Engel und vieler anderer Fachleute vor allem die überzogenen Erwartungen oder Forderungen der Eltern, die ihr Kind schon frühzeitig vielseitigem Streß und einem enormen Leistungsdruck aussetzen.[4] »Gute« Kinder sollen heute möglichst:

- schon im Kindergarten positiv auffallen,
- sich auf dem Kinderspielplatz behaupten,
- in der Schule gute bis hervorragende Leistungen bringen,
- zusätzliche Kurse wie Ballett-, Sport- und Musikunterricht besuchen (und darin glänzen),
- sich gut benehmen,

- folgen bzw. gehorchen,
- sich sauber waschen und gepflegt aussehen,
- stets brav schlafengehen,
- die Eltern immer liebhaben,
- nie mit Geschwistern streiten,
- nicht stören,
- und ebensolche »guten« Kinder als Freundinnen und Freunde haben.

Kaum ein Erwachsener wäre freilich in der Lage, solche Leistungskataloge voll zu erfüllen. Die Flucht in die Migräne ist bei diesen Kindern förmlich vorprogrammiert. Damit folgen die Sprößlinge dann auch dem Verhaltensschema der Erwachsenen – zumeist ihrer Mütter, die ihrerseits dazu neigen, sich zu überfordern.

Prof. Dr. Wolf-Dieter Gerber vom Institut für Medizinische Psychologie der Universität Kiel geht hier noch einen Schritt weiter: Studien an Familien mit kindlichen Migränepatienten hätten gezeigt, daß diese Kinder schon von Geburt an viel aktiver waren als vergleichsweise ihre Geschwister, die später von Migräne verschont blieben. »Der aus der Literatur bekannte Zappelphilipp war möglicherweise ein Migränekind!«, vermutet Gerber. Typische Migränekinder fallen nach Gerber schon frühzeitig durch überstarken Bewegungsdrang, rastlose Unruhe sowie ungewöhnliche Neu- und Wißbegier auf. Die Eltern, erfreut über den Leistungsdrang ihres Kindes, fördern diesen noch. So schilderte Prof. Dr. Gerber das Beispiel eines achtjährigen Mädchens, das nach einem verlorenen Wettkampf erstmals einen Migräneanfall bekam. Die nächste schwere Migräneattacke passierte dem Mädchen vier Tage nach Beginn der ersten Menstruation.

Besorgte Eltern sollten daher frühzeitig darauf achten, ob ihnen mit ihrem hochmotivierten »Leistungskind« nicht ein künftiger Migränepatient heranwächst. Und sie sollten so frühzeitig wie möglich das Kind nicht zu noch größeren Anstrengungen ermutigen – sondern ihm im Gegenteil Lebenshilfe anbieten, wie es lernen kann, auf die unvermeidlichen Herausforderungen des Alltags ruhiger und gelassener zu reagieren, vermeidbare Überlastungen aber rechtzeitig zu erkennen und abzuwehren.[5]

Auch Dr. Raymund Pothmann, früher Neuropädiatrische Abteilung und Schmerzambulanz der Kinderklinik Wuppertal, empfiehlt Eltern daher vor allem, den Leistungsdruck, der auf ihren Kindern lastet, zu mildern.[6] Sollte die Dauer der Schulaufgaben, die das Kind zu Hause erledigen muß, nach Ansicht der Eltern zu lang sein (etwa länger als täglich ein bis zwei Stunden, je nach Alter und Klassenjahrgang des Kindes), so tun die Eltern gut daran, sich mit den Lehrerinnen und Lehrern zu besprechen, ob diese Anforderungen wirklich notwendig sind bzw. wie sie gemildert werden können, raten erfahrene Schulpsychologen. Nicht zu Unrecht haben nämlich viele Eltern und Erziehungsberechtigte den Verdacht, daß der Lehrstoff allzu vieler ausgefallener Schulstunden immer häufiger zu Hause in Form von (noch) mehr Hausarbeiten aufgeholt werden muß! Dagegen aber können und sollen sich Eltern und Schüler wehren. Kopfschmerz- und Migräne-Trigger sind – neben dem Streß in der Schule und zu Hause – auch zuviel Fernsehen, das stundenlange Hocken am Computer und zuwenig Bewegung im Freien. (Früher hatten es die Kinder da wohl besser: Sie wuchsen zwar ohne Fernsehen und Computer auf, spielten aber um so mehr draußen und ohne die ständige Leistungskontrolle Erwachsener.)

Neuerdings wird am Sozialpädiatrischen Zentrum des Evangelischen Krankenhauses Oberhausen, wo Dr. Pothmann jetzt als Arzt tätig ist, schwerpunktmäßig eine *naturheilkundlich* ausgerichtete Behandlungsweise von Kopfschmerzen und

Migräne im Kindesalter erprobt. Noch bevor mit den bereits bekannten Entspannungsverfahren begonnen wird, sollen die Kinder zusammen mit ihren Eltern lernen, wie sie sich besser und gesünder vollwertig ernähren können. Neben dem Schwerpunkt »Verbessern der Ernährung« gehört zum Oberhausener Anti-Migräne-Programm auch das frühzeitige Erlernen eines Lebensstils, der Kopfschmerzen verhindern oder vermeiden kann – nämlich durch Vermindern und Bewältigen von zuviel Streß. Als wichtiges Hilfsmittel hierzu dient das ebenfalls von Dr. Pothmann entwickelte Migränetagebuch für Kinder. Es hilft den Kindern und ihrer Familie, Ereignisse und Anforderungen im Tagesablauf aufzuspüren, die mit nachfolgendem Kopfweh oder Migräneattacken zusammenhängen könnten. Auch zur ärztlichen Diagnose und Behandlung migränekranker Kinder ist dieses Tagebuch nützlich.

(Interessierte Eltern können das Migränetagebuch für Kinder beim Kinderarzt oder bei der Kinderärztin anfordern oder direkt bei der Deutschen Schmerzhilfe e.V. bestellen. Adresse siehe S. 197.)

Wie stark Kinder unter Kopfschmerzen und Migräne leiden, versucht Dr. Pothmann mit Hilfe von Bildern und Zeitschriften herauszufinden. Er zeigt seinen kleinen Patienten eine Reihe von Fotos, die Gesichter mit unterschiedlich starkem Schmerzausdruck darstellen. Außerdem kann das Kind anhand einer Skala von Smiley-Gesichtern ankreuzen, wie sehr sein eigener Kopf manchmal weh tut.

Interessant ist Pothmanns Beobachtung: Allein schon das Aufschreiben der eigenen Kopfschmerzumstände macht bereits zehn Prozent der Kinder völlig schmerzfrei! Das heißt, sie brauchten eigentlich nur einmal das Gefühl, wirklich ernstgenommen zu werden …

Für sein engagiertes Kämpfen gegen den Kopfschmerz im Kindesalter und für den dabei eingeschlagenen ganzheitlichen, auch naturheilkundlichen Denkansatz wurde Dr. Raymund Pothmann 1995 der Continentale Förderpreis für Naturheilkunde verliehen.

Die Behandlung eines kopfschmerzkranken Kindes beginnt mit der genauen ärztlichen Diagnose, die sich von der Erwachsenenmigräne nicht wesentlich unterscheidet (siehe ab. S. 123). Auf jeden Fall sollte auch eine zahnmedizinische bzw. kieferorthopädische Untersuchung sowie ein Hals-Nasen-Ohren-Befund des Kindes eingeholt werden. Im Zweifelsfall kann auch eine neurologische Untersuchung erfolgen.

Liegt eine »echte« Migräne vor oder leidet das Kind unter Spannungskopfschmerzen, sollten sich der Arzt bzw. die Ärztin, vor allem aber die Eltern und Geschwister, auf jeden Fall intensiver mit den Problemen des migränekranken Kindes beschäftigen. Was hat es (außer der Migräne)? Was fehlt ihm? Zuwendung, Zeit, mehr Freiheit zum Spielen – kurz ein schöneres Kinderleben lassen so manche Migräne verschwinden.

Leidet das Kind nachweislich unter mehr als zwei Migräneanfällen pro Monat, so empfiehlt der Kinderarzt Dr. Pothmann eine Behandlung mit Arzneimitteln plus Entspannungsverfahren und Biofeedback (siehe S. 154 und ab S. 165).

Forscher des amerikanischen Rainbow Babies' and Children's Hospital in Cleveland entwickelten zusammen mit Kollegen der Universität Boston eine neue Entspannungsmethode für Migräne-Kinder. Dabei sollen sich die Kinder am Computer in eine virtuelle Traumwelt hineinversetzen, in der sie sich besonders wohlfühlen – z.B. auf den Spielplatz. Diese cyberphysiologischen Entspannungsübungen halfen den Fünf- bis Zwölfjährigen, die Migräneanfälle spürbar zu lindern.

Das Puzzle zusammensetzen: Was wollen Sie künftig gegen Ihre Migräne tun?

Wenn Sie dieses Buch bis hierher gelesen haben, wissen Sie sehr wahrscheinlich schon eine Menge mehr über Migräne. Und wenn Sie sich das komplette Migräne-Puzzle vor Augen halten, so können Sie sich jetzt bestimmt ein sehr viel genaueres Bild von »Ihrer« eigenen Migräne machen. Wie aber können Sie Ihr Wissen in die Praxis umsetzen?

Vielleicht ist Ihnen bei der Lektüre dieses Buches klar(er) geworden, ob bestimmte Lebenssituationen für Sie eventuell eine akute Migränegefahr bedeuten. Sie sind jetzt also bestimmt noch mehr als früher auf der Hut vor solchen Lebenslagen. Aufpassen allein wird in den meisten Fällen jedoch nicht ausreichen, wenn Sie Ihrer Migräne zu Leibe rücken wollen: Es kann Ihnen ja immer wieder passieren, daß Sie von einer Stimmungs- oder Wetterlage so überrascht werden, daß Sie nichts dagegen unternehmen können und also auch mit Migräne rechnen müssen – wenn dies bisher zu Ihren Reaktionsmustern auf unverhoffte Ereignisse gehörte.

Einschneidende Lebens(ver)änderungen sind nicht jedermanns Sache – und keineswegs immer ein Patentrezept gegen ein oft chronisches Leiden. Ihre Migräne kann mehrere Ursachen haben, die ungünstig zusammenwirken; dann gilt es, die einzelnen Steine des Puzzles geduldig zusammenzusetzen.

Ob Sie mit einem psychotherapeutischen Beratungsgespräch beginnen oder mit einer Körpertherapie versuchen, die (oft auch seelisch bedingten) Verkrampfungen und Verspannungen zu beseitigen; ob ein Schmerzmittelentzug der erste Schritt sein muß oder homöopathische Mittel genügen, hängt ganz von Ihrem individuellen Fall ab – und von der Rolle, die die Migräne in Ihrem Leben spielt.

Vielleicht empfinden Sie Ihre Migräne nur als lästig und (noch) nicht als besonders belastend. Dann ist Ihnen möglicherweise schon mit ein paar guten Tips geholfen, was Sie gegen akute Migräneschmerzen wirksam tun können.

Vielleicht machen Sie sich aber schon länger erhebliche Sorgen wegen Ihres angegriffenen Gesundheitszustands, denn die Migräne plagt vor allem Menschen, die erschöpft, ja »ausgepowert« sind. Dann sollten Sie nicht länger zögern und ärztliche Hilfe in Anspruch zu nehmen. Welche medizinischen Untersuchungen sind für Sie dann ratsam, und welche Vorbeugungs- und Behandlungsmöglichkeiten gibt es heute für Migräneanfällige?

Die folgenden Kapitel informieren Sie umfassend über Möglichkeiten (und Grenzen) der Schulmedizin, über neue Therapieansätze, Naturheilweisen und Wege zur Selbstbehandlung. Informiert fällt es Ihnen leichter, den für Sie richtigen Weg zu finden – und auf ihm möglichst bald den ersten Schritt zu tun.

Mit Migräne zum Arzt

Hoffnungen und Erwartungen

Migräne und Arztbesuch – das ist ein leidiges Kapitel für viele Migränepatienten. Entnervt von den sich immer wiederholenden Migräneattacken, schmerzgeplagt von einem akuten Anfall, setzen Migräniker und Migränikerinnen oft all ihre Hoffnung auf den Besuch beim Arzt – und sind danach frustriert und enttäuscht.

Im allgemeinen wissen niedergelassene Ärztinnen und Ärzte auch heute noch sehr wenig über die Migräne. Bis sich neuere Erkenntnisse der Wissenschaft bis in jede Arztpraxis herumgesprochen haben, vergehen meist Jahre, und nicht selten werden Migränekranke bei behandelnden Ärzten noch Vorurteilen begegnen, die die Forschung längst widerlegt hat.

Zur Behandlung akuter Schmerzzustände und bei der oft langwierigen Suche nach den Ursachen ist ärztliche Hilfe jedoch meist unerläßlich. Geduld und Eigeninitiative sind erforderlich, um einen Arzt oder eine Ärztin zu finden, der bzw. die das Krankheitsbild Migräne ernst nimmt, sich laufend fortbildet und bereit ist, zur Abklärung und Behandlung Ihrer Migräne mit Ihnen und gegebenenfalls auch mit Ärzten und Therapeuten anderer Fachrichtungen zusammenzuarbeiten. Im Idealfall ist er oder sie selbst Migräniker – und wird nichts unversucht lassen, sich wissenschaftlich wie praktisch auf dem laufenden zu halten!

Wichtig ist jedoch auch, sich darüber klarzuwerden, was Sie von einem Arztbesuch erwarten (können). Die Suche nach und Hoffnung auf Wunderheiler, bei denen Sie Ihr Leiden »abgeben« können und die alle Schmerzen schnell und dauerhaft weghexen, ist zum Scheitern verurteilt. Als langwierige, in vielem noch unerforschte Krankheit mit vielen Gesichtern ist die Behandlung des Migräneleidens ein komplexes Unternehmen, bei dem Sie vielleicht verschiedene Stationen durchlaufen werden.

Jede ärztliche Behandlung beginnt mit der Diagnostik. Vielen Migränekranken graut vor der Tretmühle medizinischer Untersuchungsverfahren. Als beste Experten Ihrer Migräne können Sie jedoch Ihre eigenen Erfahrungen einbringen, und als informierte Patienten sind Sie in der Lage, sich kritisch mit den vorgeschlagenen Untersuchungen auseinanderzusetzen und die weiteren Schritte mit Ihrem Arzt zu besprechen.

Die moderne Migränediagnostik

Die moderne medizinische Diagnostik funktioniert nach dem sogenannten Ausschlußverfahren: Das heißt, Ihnen werden eine ganze Reihe von Untersuchungsverfahren vorgeschlagen, mit deren Hilfe Ihr Gesundheitsproblem Migräne eingekreist oder im wahrsten Wortsinn »durchleuchtet« werden soll. Zunächst dürfen Sie sich also davon noch keine Besserung Ihrer Beschwerden erhoffen. Das Untersuchungsprogramm dient vor allem dazu, mögliche Krankheitsursachen mit Sicherheit auszuschließen – etwa einen Gehirntumor.

Die medizinische *Basisdiagnostik* verläuft bei spezialisierten Schmerztherapeuten in ganz ähnlicher Weise wie in der allgemeinmedizinischen oder internistischen Arztpraxis. Am Anfang sollte stets ein ausführliches Gespräch stattfinden. Sie schildern darin Ihre bisherigen Beschwerden möglichst genau (und sind dabei bitte ganz ehrlich, vor allem, was die Häufigkeit Ihrer Migräneattacken, Ihre Selbstbehandlungsversuche und Ihren Schmerzmittelkonsum angeht). Wenn Sie zwischen den Migräneanfällen auch noch andere Kopfschmerzen verspüren oder wenn Ihre Migräne zusätzlich von Schmerzen im gesamten Schädel überlagert wird, müssen Sie das dem Arzt bzw. der Ärztin natürlich auch schildern.

Daran schließen sich folgende *Untersuchungsverfahren* an (die Sie auch anmahnen sollten, falls die eine oder andere Untersuchung vergessen werden sollte):

- Blutdruckmessen (Kontrolle, ob Sie einen normalen, einen niedrigen oder einen zu hohen Blutdruck haben),
- Blutabnahme (Kontrolle der Zucker-, Leber- und Nierenwerte),
- Blutbild (Kontrolle der Blutbeschaffenheit und ob im Körper eventuell eine Entzündung besteht),
- Urinprobe (Untersuchung des Harns auf Menge und Art der Ausscheidungsprodukte, auf Blutspuren und Hinweise auf Entzündungen).

Außerdem werden Sie auch körperlich untersucht, und es wird ein Herzstrombild, das Elektrokardiogramm (EKG), aufgezeichnet. Anhand all dieser Daten gewinnt der Arzt bzw. die Ärztin einen ersten Überblick über Ihren momentanen allgemeinen Gesundheitszustand.

Ihr Arzt wird nun entweder spezielle Untersuchungsmethoden zur Abklärung Ihrer Migräne vorschlagen oder Sie zur weiterführenden Diagnostik an Spezialisten überweisen (z.B. zum Neurologen, Röntgenarzt usw.). Wenn Sie es wünschen, wird Sie Ihr Arzt auch in eine schmerztherapeutische Praxis zur weiteren Untersuchung und Behandlung schicken – die Sie natürlich auch von sich aus aufsuchen können (siehe S. 135). Auf jeden Fall sollten Sie sich vorsichtshalber auch augenärztlich, zahnärztlich (u.U. auch bei Zahn-, Mund- und Kieferspezialisten) sowie bei Hals-Nasen-Ohren-Spezialisten auf eventuelle Krankheitsherde hin untersuchen lassen – immer mit dem Hinweis darauf, daß Sie sich *wegen Ihrer Migräne* an diese Ärzte wenden.

... und was Sie selbst tun können

Je mehr Ihr Arzt oder Ihre Ärztin über Ihren Gesundheitszustand und über die möglichen Ursachen Ihrer Migräne von Ihnen selbst erfährt, desto gezielter kann er oder sie weiter vorgehen. Überlegen Sie sich daher bereits vor dem Arztbesuch – und machen Sie sich eventuell darüber schriftliche Notizen –, ob sich Ihr Körper vielleicht mit Beschwerden oder Störfeldern abplagt, die Ihre Migräne auslösen oder verschlimmern könnten. Geben Sie diese Beobachtungen bitte unbedingt schon beim ersten Arztgespräch an: Leiden Sie schon länger unter Zahnbeschwerden (haben Sie z.B. abgestorbene Zähne, Wurzelentzündungen, Fisteln; tragen Sie Amalgam-Plomben plus andere Metallfüllungen in den Zähnen usw.)? Knirschen Sie nachts mit den Zähnen? Haben Sie schmerzende Narben? Haben Sie schon einmal eine schwere Viruserkrankung bzw. Infektion durchgemacht (z.B. Herpes oder eine echte Virusgrippe, die Influenza)? Oder könnte es sein, daß Sie seit Jahren oder Jahrzehnten schon an einer Pilzinfektion leiden?

Wie gut oder schlecht funktioniert Ihr Darm? Ist Ihr Körper möglicherweise übersäuert (zuviel Fleisch gegessen, zuviel Kaffee und Genußgifte wie z.B. Alkohol getrunken)? Dann sollten Sie zunächst Ihre Ernährung auf gesunde Vollwertkost umstellen – vielleicht bessert sich dann ja auch Ihre Migräne.

Haben Sie in Ihrer Umgebung Kontakt mit Umweltgiften? Wie gesund oder ungesund würden Sie insgesamt Ihre derzeitige Lebenssituation einschätzen? Sind Lebensumstände eingetreten, die Ihre Migräne in letzter Zeit verschlimmert haben?

Alle diese Fragen sollten Sie sich selbst offen und ehrlich beantworten. Die ärztliche Untersuchung kann nur ein Wegweiser zu Ihnen selbst und Ihren Beschwerden sein.

Eine Möglichkeit, den Ursachen der Migräne genauer auf die Spur zu kommen, bietet ein neuartiges Diagnoseverfahren, das in einigen wenigen Naturheilpraxen auch in Deutschland zum Einsatz kommt (entwickelt wurde dieses aufwendige Testverfahren in den USA). Dafür werden der Patientin oder dem Patienten 20 Milliliter Venenblut aus der Armbeuge entnommen. Das Blut wird dann daraufhin untersucht, ob sich giftige (toxische) Restsubstanzen darin befinden, die auf langjährige falsche Ernährungsweise und den Mißbrauch von Medikamenten und Genußgiften hinweisen. Diese Rückstände, die vor allem im Darm lagern und nicht zusammen mit der Verdauung ausgeschieden werden, wirken als »Störsubstanz« im Organismus und beeinträchtigen nach Meinung von Naturheilkundigen auch die Sauerstoffversorgung des Gehirns.

Das Testverfahren, für das ein elektronisches Meßgerät eingesetzt wird, erinnert an Allergietests. Etwa 4000 bis 6000 Blutzellen werden auf toxische Einflüsse hin kontrolliert. Stellt sich bei der computererstellten Analyse heraus, daß die Untersuchten in dieser Hinsicht nicht gesund sind, wird für sie ein individueller Ernährungsplan erarbeitet, der Ratschläge gibt, wie sie solche für sie ungünstige Nahrungs- und Genußmittel in Zukunft meiden können. Ergeben sich Anhaltspunkte für einen Medikamentenmißbrauch – etwa die langjährige unkontrollierte Einnahme von zuviel Schmerzmitteln – werden die Betroffenen gebeten, sich weiter ärztlich untersuchen, beraten und behandeln zu lassen.

Dieses Untersuchungsverfahren ist sehr teuer, es kostet ca. 1600 Mark (die Kosten werden teilweise von privaten Krankenversicherungen übernommen). Als wissenschaftlich gesichert gilt die Diagnosemethode (»Computer findet die Ursache Ihrer Migränekopfschmerzen«) allerdings nicht.

Weiterführende Untersuchungsverfahren

Die meisten Migränekranken leiden früher oder später insgeheim unter der Angst, es könnte in ihrem Körper, vielleicht sogar direkt im Gehirn, von den schweren Migräneanfällen »etwas zurückbleiben«. Bei manchen verdichtet sich diese Sorge bis zur Furcht, vielleicht nervenkrank zu sein oder einen Gehirntumor zu haben. Die Medizin bietet heute eine Reihe von Untersuchungsverfahren, mit denen diese Fragen zuverlässig abgeklärt werden können. In den meisten Fällen wird das Ergebnis sein, daß Sie *nicht* an einer noch schwerwiegenderen Krankheit als Migräne leiden – doch dies von kompetenten Fachleuten bestätigt zu bekommen, kann für viele Migränekranke sehr beruhigend sein.

Welche weiterführenden Diagnoseverfahren in Ihrem individuellen Fall sinnvoll sind, sollen Sie im vertrauensvollen Gespräch mit Ihrem Arzt oder Ihrer Ärztin entscheiden. Zu wissen, was dabei jeweils vor sich geht und welchen Aussagewert die jeweilige Methode hat, erleichtert die Entscheidung.

Ein akuter Anlaß für so eine gründliche Untersuchung des Gesundheitszustandes ist immer dann gegeben, wenn sich der Migränekopfschmerz plötzlich auffallend verändert hat (Gefahr von Durchblutungsstörungen im Gehirn, die auch Vorboten eines Schlaganfalls, eines Gefäßbruchs oder Anzeichen eines Gehirntumors sein können). So ist zum Beispiel jeder migräneartige Kopfschmerz, der erstmals um die Lebensmitte herum oder später auftritt, ein gravierender Grund für eine besonders gründliche ärztliche Untersuchung: Da die Migräne in der zweiten Lebenshälfte außerordentlich selten ist – und erst recht nicht zu dieser Zeit beginnt –, können andere schmerzauslösende Ursachen vorliegen, etwa eine gefährliche Blutstauung in einem Hirngefäß (Emphysem) oder auch eine gut- oder bösartige Geschwulst, die schmerzhaft auf die Blutgefäße und Nervenleitungen im Schädelbereich drückt.

Das Elektroenzephalogramm (EEG)

Das EEG-Gerät mißt die elektrischen Energieleistungen des Gehirns und zeichnet dieses Hirnstrombild und seine Potentialschwankungen auf. Die Untersuchung ist nicht belastend und auch nicht schmerzhaft, sondern sogar recht spannend: Den Patienten wird eine Art Kappe aufgesetzt, die mit Elektroden bestückt ist. Diese messen durch die Kopfhaut hindurch die Aktivität der Gehirnwellen. Ein an das Meßgerät angeschlossener Tinten- oder Trockenschreiber setzt die Messungen in ein graphischen Bild um: Anhand dieser Hirnstromwellen können die gesunden Funktionen des Gehirns in allen seinen Bereichen abgelesen werden, aber auch auffällige Abweichungen vom üblichen Hirnstrombild.

Das EEG gehört zu den Basisuntersuchungen in der Migränediagnostik. Leider ist seine Aussagekraft im Hinblick auf das Migränegeschehen nicht besonders hoch. Viele Migränekranke haben ein ganz normales gesundes Hirnstrombild (und wissen dann nicht, ob sie darüber erleichtert sein sollen oder enttäuscht, weil sich – wieder einmal – kein meßbarer Hinweis auf Ihr Schmerzleiden gefunden hat). Aber der Neurologe bzw. die Neurologin kann anhand des EEGs zumindest »raumfordernde Prozesse« im Gehirn, also gut- oder bösartige Tumoren, erkennen bzw. sicher ausschließen.

Computertomographie (CT)
Ergänzend zum EEG wird heute in vielen Fällen eine Computertomographie (CT) erstellt. Dabei handelt es sich, im Gegensatz zum EEG, um ein röntgenologisches Untersuchungsverfahren. Es bedeutet für die zu Untersuchenden eine nicht unerhebliche Strahlenbelastung (Röntgenpaß bitte mitnehmen bzw. verlangen!), besitzt aber eine sehr hohe Aussagekraft. Die Untersuchung ist nicht schmerzhaft, aber unangenehm für zappelige Personen: Sie müssen mindestens 20 Minuten lang völlig ruhig – also ohne die geringste Bewegung – liegenbleiben, während das Gerät seine Aufzeichnungen macht. Dabei handelt es sich um Schichtaufnahmen des Gehirns in allen nur denkbaren Quer- und Längsschnitten. Außer den Geweben des Gehirns werden auch noch die umgebenden Knochenstrukturen optisch dargestellt.

Auch diese Untersuchungsmethode dient in erster Linie dazu, krankhafte oder verdächtige Gewebe- und Knochenveränderungen des Schädels aufzudecken. Anhand der Weichteilstrukturen können erfahrene Röntgenologen auch auf den ersten Blick erkennen, ob vielleicht Nervenstränge durch Gewebedruck belastet sind (z.B. ob der Trigeminusgesichtsnerv »eingeklemmt« ist und deshalb schmerzt).

Röntgenaufnahmen des Schädels und der Halswirbelsäule
Ebenfalls in der radiologischen Praxis können Röntgenaufnahmen des Schädels und der Halswirbelsäule veranlaßt werden. Dabei werden alle knöchernen Strukturen des Kopfes und des obersten Teils der Wirbelsäule geröntgt. Die Untersuchung geht rasch, ist nicht schmerzhaft, bringt jedoch eine gewisse Strahlenbelastung mit sich. Sie sollte meines Erachtens aber wegen des hohen Aussagewertes der Röntgenaufnahmen in Kauf genommen werden. Anhand der Röntgendarstellung des Schädels und der Halswirbelsäule ist feststellbar, ob die

Schädelknochen in auffälliger Weise verändert sind, ob die Nebenhöhlen (Stirn, Nase, Kiefer) in Ordnung sind und in welchem Zustand sich die Halswirbelsäule befindet (ob vielleicht ein schmerzhafter Überlastungsschaden an den Bandscheiben der obersten Wirbelkörper vorliegt).

SPECT-Verfahren

Sehr neugierig sind Migränepatienten gewöhnlich, was den Gesundheitszustand ihrer Blutgefäße im Kopfbereich angeht. Leider läßt sich dieser nicht so leicht überprüfen wie der Gesundheitszustand von Knochen und Geweben. Neuerdings gibt es das SPECT-Verfahren zur Kontrolle der Blutverteilung im Gehirn. Dabei handelt es sich um eine Ergänzung der Computer-Tomographie, nämlich um die Single-Photon-Emissions-Computer-Tomographie (abgekürzt SPECT). Die Strahlenbelastung ist nicht höher als beim »einfachen« CT, der Aussagewert jedoch noch größer.

Doppler-Sonographie

Einen Überblick über die Blutzufuhr zum Gehirn verschafft auch die Doppler-Sonographie der Halsgefäße. Diese Untersuchung ist ebenfalls völlig schmerzlos und dabei absolut unschädlich. Mittels Ultraschall wird dabei die Strömungsgeschwindigkeit des Blutes in den Halsschlagadern (Arterien) und Venen gemessen. Die Untersuchung ist recht spannend: Die Patienten können hören, wie ihr Blut akustisch eindrucksvoll »vorüberrauscht«. Festgestellt werden dabei eventuelle Verengungen der Blutgefäße im Halsbereich, die für eine mangelhafte Blutversorgung des Gehirns (und damit u.a. für Schwindelgefühle) verantwortlich sein können.

Angiographie

Ergeben sich aus dieser Ultraschalluntersuchung Hinweise

auf verdächtige Engpässe in der Blutversorgung, kann zusätzlich eine Angiographie dieser Blutgefäße veranlaßt werden. Dabei werden die Blutgefäße mit Hilfe eingespritzter Kontrastmittel dargestellt. Diese Untersuchung ist leider unangenehm und auch nicht ungefährlich, weil das Herz dabei manchmal in Mitleidenschaft gezogen wird. Der Eingriff ist jedoch notwendig, falls tatsächlich Durchblutungsstörungen im Kopfbereich festgestellt wurden und nun das Ausmaß der Gefäßschäden ermittelt werden muß.

Magnetresonanzangiographie (MRA)
Neuerdings ist auch eine Gefäßdarstellung ganz ohne Strahlenbelastung möglich: die sogenannte Magnetresonanzangiographie (MRA). Die Blutgefäße (Venen und Arterien) können damit in mehreren Schichten exakt dargestellt werden. Das neue schonende, wenn auch teure Untersuchungsverfahren wird jedoch erst an wenigen Großkliniken angewendet.

Nahinfrarot-Spektroskopie
Ein Sonderforschungsbereich der Berliner Charité-Klinik widmet sich seit einiger Zeit den Stützzellen zwischen den Nervenzellen und den Blutgefäßen im Gehirn. Diese sogenannten Gliazellen sollen auch beim Entstehen der »Aura« vor Beginn eines akuten Migräneanfalls eine Rolle spielen. Deren Funktion kann nun mit Hilfe der Nahinfrarot-Spektroskopie, einer Laseruntersuchung, genauer analysiert werden. Diese Methode ermöglicht es auch, die Durchblutung der feinsten Gefäße, der Kapillaren, sowie eine eventuelle mangelhafte Blutversorgung des Gehirns nachzuweisen.

Kernspintomographie
Nur zur Abklärung »raumfordernder Prozesse« im Schädel, also bei begründetem Verdacht auf einen Gehirntumor, wird

eine Kernspintomographie veranlaßt. Bei dieser technisch aufwendigen, aber höchst erfolgreichen Suchmethode nach Tumoren wird nicht mit Röntgenstrahlen gearbeitet, sondern mit Hilfe der magnetischen Resonanzaufnahmetechnik. Sie beruht auf der Magnetisierbarkeit der Wasserstoffkerne im Gewebe. Diese Untersuchungsmethode bedeutet darum keine Strahlenbelastung für die Patienten.

Neue, ganzheitliche(re) Therapieansätze

Möglicherweise ist es Ihnen nach einer Anzahl der oben beschriebenen Untersuchungen ebenso ergangen wie den allermeisten Migränepatienten: Die Ergebnisse waren »negativ«, d.h. die Ärzte haben nichts entdeckt, was auf eine schlimmere Erkrankung als die Migräne schließen ließe.

Das ist beruhigend und frustrierend zugleich: »Kein Befund« heißt ja leider nicht »keine Migräne«! Auch wenn Ihnen niemand Simulantentum unterstellt, ist Ihr Arzt nun möglicherweise am Ende seines Lateins.

Dann ist es an der Zeit, Ihrer Migräne gezielter auf den Leib zu rücken. Und hierzu gibt es erfreulicherweise wichtige neue Möglichkeiten und Ansätze. Diese neuen Ansätze beruhen auf drei Grundgedanken:

1. mehr über Ihre individuelle Migräne herauszufinden,
2. die Kommunikation zwischen Ihnen und Ihrem Arzt zu verbessern und
3. unter Mitwirkung von Ärzten und Therapeuten verschiedener Fachrichtungen ein individuelles Behandlungsprogramm zu erstellen.

Sie sehen also: Die Ärzte und Schmerztherapeuten beschränken sich heute zum Glück nicht mehr allein auf die reine Apparatemedizin. Bis vor kurzem wurden ja die meisten Migränekranken, so wie auch ich, nach der umfassenden Diagnostik mit einem Rezept wieder nach Hause geschickt. Die Migränevorbeugung und -behandlung beschränkte sich also zumeist auf Tabletten. Doch wie wir alle wissen, können Medikamente gewiß den einzelnen Migräneanfall lindern oder ihn vielleicht sogar noch einmal abwenden – prinzipiell aber ändert diese Nicht-Behandlung des Migränegrundleidens nicht die Bereitschaft des Körpers, überhaupt Migräne zu bekommen.

In der Tat sind die Mediziner nun von ihrem Olymp herabgestiegen. Sie haben gelernt, daß auch sie längst noch nicht alles über die Migräne wissen und daß es der interdisziplinären (das heißt mehrere medizinische Fachbereiche umfassenden) Zusammenarbeit bedarf, um den Migränepatienten künftig wirklich besser zu helfen.

Voraussetzung dafür ist, daß sowohl der behandelnde Arzt bzw. die Ärztin als auch die Migränekranken selbst sich einen genauen Überblick darüber verschaffen, was im Einzelfall wohl die Migräne auslöst. Was Sie beispielsweise in unserem Migräne-Puzzle erfahren haben, welche Schwerpunkte darin vielleicht für Sie eine ganz spezielle Wichtigkeit haben – das muß eben auch der Arzt möglichst genau erfahren.

Ein Umdenken insbesondere bei den Ärztinnen und Ärzten, die (noch) keine schmerztherapeutischen Spezialisten sind, die aber Migräneleidende behandeln, ist auch hinsichtlich ihrer Verschreibungspraxis notwendig. Nicht umsonst haben es bisher 50 bis 80 Prozent der Betroffenen aufgegeben, wegen ihrer Schmerzen zum Arzt zu gehen, weil sie sich entweder unverstanden oder nicht erfolgreich behandelt fühlen, beklagt der Hamburger Schmerztherapeut Dr. Dietrich Jungck. Die Folge ist unverantwortliche Selbstmedikation: Jeder Deutsche gibt jährlich durchschnittlich 95 Mark für Mischanalgetika (Kombinations-Schmerzmittel) aus, die ohne Rezept erhältlich sind.

Aber auch die Ärzte und Ärztinnen selbst sind, was die Behandlung der Migräne angeht, leider nicht immer auf dem laufenden. So beklagt beispielsweise die Deutsche Migräne- und Kopfschmerzgesellschaft (DMKG), daß sich ungeachtet ihrer Therapieempfehlungen die Verschreibungsgewohnheiten der niedergelassenen Ärzte seit 15 Jahren (!) nicht geändert haben.

Auf dem Arzneimittelmarkt gibt es derzeit 1299 Präparate zur Migränetherapie. Dabei käme man, so erfahrene Schmerztherapeuten, ohne weiteres mit einigen wenigen erprobten und wirklich bewährten Mitteln einschließlich der Neuentwicklungen auf diesem Gebiet aus! (Die neuesten Therapieempfehlungen der DMKG für Sie selbst sowie für Ihren Arzt oder Ihre Ärztin finden Sie auf S. 139.)

Die richtige Arztwahl

Sie können selbstverständlich bei Ihrem Hausarzt oder Ihrer Hausärztin bzw. bei einer internistischen Fachpraxis auch mit Ihrer Migräne weiterhin in Behandlung bleiben – vorausgesetzt, Sie haben das Gefühl, Ihr Arzt oder Ihre Ärztin ist auch in der Migränediagnostik und -therapie wirklich auf dem laufenden. Ein Kriterium hierfür kann beispielsweise sein, ob Sie Ihr Arzt auffordert, künftig ein sogenanntes Migränetagebuch zu führen. (Mehr darüber siehe S. 136.)

Sie können sich aber auch in einer neurologischen Praxis wegen Ihrer Migräne weiterbehandeln lassen. Vielen Migränikern ist es aber peinlich, »zum Nervenarzt« zu gehen, immer mit dem unguten Gefühl, dann als nervenkrank zu gelten. Von diesem Vorurteil sollten Sie sich aber freimachen, denn Neurologen sind in aller Regel sehr gut über den neuesten Stand der Migränebehandlung informiert. Sie untersuchen ja auch sehr viele Migränekranke, erstellen z.B. ein EEG (siehe S. 128) und arbeiten mit Schmerztherapeuten zusammen.

Die sicherste Adresse, nach neuesten wissenschaftlichen Erkenntnissen behandelt zu werden, sind heute schmerztherapeutische Arztpraxen oder Schmerzambulanzen. Hier arbeiten meist Schmerzexperten unterschiedlichster Fachrichtungen zusammen – z.B. Fachkräfte auf dem Gebiet der Anästhesie (Schmerzausschaltung durch modernste örtliche Betäubungsverfahren), der Orthopädie, Hals-Nasen-Ohren-Ärzte, Neurophysiologen, Neurochirurgen usw. Besonders gut für Sie: Auch psychosomatisch tätige Ärztinnen und Ärzte (sie behandeln Menschen, deren körperliche Leiden höchstwahrscheinlich zu einem großen Teil seelisch mitbedingt sind), Psychologen, Psychotherapeuten und Psychiater gehören zu diesem Team von erfahrenen Fachleuten, die sich insbesondere auf die Schmerzbehandlung spezialisiert haben. Wenn es sich in Ihrem Fall als aussichtsreich erweist, mit Hilfe einer gezielten Verhaltenstherapie Ihre Migräne zu bekämpfen, wird Ihnen selbstverständlich auch diese Möglichkeit vorgeschlagen. Einige Schmerzexperten beherrschen sogar Naturheilverfahren wie z.B. Neuraltherapie, Pflanzenheilkunde und/oder Homöopathie.

Sie sehen also, der ganzheitliche Therapieansatz zur Behandlung Migränekranker ist durchaus schon gegeben, wenn auch vorerst nur in einigen Städten der alten Bundesländer. In den neuen Bundesländern kommen noch manche Polikliniken sowie Arztpraxen in neugegründeten Ärztehäusern diesen Aufgaben der individuellen Schmerzbehandlung nach.

Wie nun an solche Topadressen von Ärzten herankommen? Im Anhang dieses Buches finden Sie die Anschriften der wichtigsten schmerztherapeutischen ärztlichen Vereinigungen. Dort erfahren Sie auf Anfrage die Adressen von Schmerztherapeuten, Schmerzambulanzen oder auch von speziellen Schmerz- bzw. Migränekliniken in der gesamten Bundesrepublik. Und noch ein Tip: Unabhängig von den niedergelassenen Schmerzärzten und Migränespezialisten gibt es auch in Universitätskliniken, anderen Großkrankenhäusern sowie in Privatkliniken neuerdings immer mehr Spezialabteilungen für Psychosomatische Medizin und auch für Naturheilweisen. Dorthin können sich auch Migräniker zur stationären Behandlung wenden. Im Grunde passiert dort aber auch nichts anderes als in schmerztherapeutischen Praxen und Ambulanzen, mit dem einen Unterschied: Sie können sich während Ihres Klinikaufenthalts wirklich nur mit sich selbst befassen, Sie haben also drei bis vier Wochen Zeit, sich ausschließlich Ihrem Migränegesundheitsproblem zu widmen. Und allein diese Möglichkeit gibt manchen Menschen schon so viel inneren Abstand von den alten eingefleischten (oftmals ungesunden) Verhaltensweisen, daß dies der erste Schritt zum Überwinden der Migräne sein kann.

Voraussetzung jeder seriösen Migränebehandlung ist das Führen eines persönlichen Migränekalenders. Am besten, Sie verwenden dafür das vorgedruckte Migränetagebuch.

Das Migräne-Tagebuch

Sie bekommen das Migränetagebuch von Ihrem behandelnden Arzt oder Ihrer Ärztin bzw. in der schmerztherapeutischen Praxis ausgehändigt. Sie können es aber auch direkt beim Bundesverband der Deutschen Schmerzhilfe e.V. bestellen (Adresse siehe S. 197).

So wie der »Monatskalender«, in den Frauen regelmäßig das Datum ihrer Menstruation eintragen, enthält das Migränetagebuch eine Reihe wichtiger Fragen und auch Antworten zum Thema Migräne. Sie werden z.B. gefragt, wie oft Sie durchschnittlich im Monat Migräne haben, wie lange der Anfall im allgemeinen dauert, wo Sie den Schmerz verspüren, wie Sie ihn empfinden und wann (d.h. nach welchen Situationen, bei welchen Wetterlagen und nach welchen Speisen).

Sie merken schon, die Fragen gehen in Richtung unseres Migräne-Puzzles! Sobald nun ein neuer Migräneanfall auftritt, tragen Sie dieses Schmerzereignis (Wochentag, Stunde, Dauer, Schmerzstärke, mit oder ohne Sehstörungen, Übelkeit, Erbrechen, Lichtempfindlichkeit, Taubheits- bzw. Lähmungsgefühlen) exakt in die entsprechende Rubrik des Migränetagebuchs ein. Ferner müssen Sie angeben, welches Medikament in welcher Dosis Sie zuerst dagegen eingenommen haben.

Dieses Migränetagebuch führen Sie nun gewissenhaft ein bis zwei Monate lang, mitunter auch länger, das heißt während der gesamten Behandlungszeit Ihres Migräneleidens. Der Arzt bzw. die Ärztin wertet Ihre Angaben dahingehend aus, welches Erscheinungsbild Ihre Migräne hat und welche Ursachen möglicherweise dahinterstecken (bzw. ob und wie sich Ihre Migräne im Laufe der Behandlung entwickelt). Anhand dieser Daten arbeitet der Arzt oder die Ärztin ein spezielles Behandlungskonzept für sie aus: Besteht bei Ihnen beispielsweise bereits eine starke Abhängigkeit von Schmerzmitteln, wird wahrscheinlich zunächst eine Entgiftungs- und Entwöhnungsbehandlung vorgeschlagen (am besten stationär in einer dafür geeigneten Klinik in Ihrer Nähe bzw. im Rahmen eines Kuraufenthalts; neuerdings versuchen auch einige Schmerztherapeuten einen ambulanten »Entzug« bei Schmerzmittelabhängigen. Dies ist jedoch nur bei größter Selbstdisziplin der betroffenen Patienten von Erfolg gekrönt – diese Behandlung eignet sich also nicht für jeden Migräniker!) Stecken vermutlich organische Erkrankungen hinter Ihrer Migräne, wird eine entsprechende Behandlung des Grundleidens veranlaßt.

Sollte Ihr Migräneleiden jedoch eher psychisch bedingt sein, wird Ihnen Ihr Schmerzarzt z.B. eine Psychotherapie, eine verhaltenstherapeutische Behandlung, Gesprächs- oder

Gestalttherapie, eventuell sogar eine Psychoanalyse vermitteln.

Medikamente gegen Migräne: Nutzen und Risiken

Ein umfassendes Konzept zur Behandlung des Migräneleidens, wie im vorigen Kapitel beschrieben, ist gewiß der beste therapeutische Weg, den Migränekranke und ihre Ärzte überhaupt einschlagen können. Gleichwohl ist diese ideale Möglichkeit noch längst nicht allerorten gegeben. Migränepatienten, die nicht in einer Großstadt leben, müssen oft noch weite Wege in Kauf nehmen, wenn sie eine Behandlung nach modernsten Gesichtspunkten in einer speziellen schmerztherapeutischen Arztpraxis anstreben.

In schweren Fällen von Migräne (d.h. bei einem gehäuften Auftreten heftiger Migräneattacken) wird der Arzt außerdem unter Umständen zu Medikamenten raten, die Migräneanfälle wirksam verhindern und Ihnen so eine Zeitlang Ruhe vor Ihren Schmerzen verschaffen. Wenn Sie sich für diesen Weg entscheiden, sollten Sie diese Zeit unbedingt nutzen, um Ihrer Migräne durch langfristige Maßnahmen wirksam auf den Leib zu rücken!

Wichtig: Jede Therapie mit Medikamenten sollte unter ärztlicher Aufsicht erfolgen. Sie behalten dann ebenso wie der Arzt oder die Ärztin besser den Überblick, wann und wieviele Schmerzmittel Sie einnehmen. Natürlich ist es oft einfacher, sich leichte Schmerzmittel (sogenannte »kleine Analgetika«, im Gegensatz zu den Medikamenten gegen große Schmerzen) selbst in der Apotheke zu besorgen. Aber Sie rutschen dann doch sehr leicht, oft ohne es selbst zu merken, in eine Schmerzmittelabhängigkeit hinein (mehr darüber siehe ab S. 107).

Steht erst einmal die Diagnose Migräne fest, sollte die Patientin oder der Patient sich danach erkundigen, ob sie nach dem jeweils aktuellsten Therapieschema behandelt werden, wie sie die Deutsche Migräne- und Kopfschmerzgesellschaft empfiehlt. Jeder Arzt und jede Ärztin können diesen Behandlungs-»Fahrplan« bei der Gesellschaft anfordern (Adresse siehe S. 197). Weder Arzt oder Ärztin noch die Patienten müssen dann befürchten, in der Behandlung der Migräne vielleicht Fehler zu machen.

Hier die 1995 aktualisierten ärztlichen Empfehlungen der Deutschen Migräne- und Kopfschmerzgesellschaft (Sie können diese Liste zum ärztlichen Beratungsgespräch mitnehmen!). Nach Auskunft des Migräneexperten Dr. Volker Pfaffenrath, München, sollten Migränepatientinnen bzw. -patienten

- im akuten Migräneanfall zunächst ein Mittel gegen Übelkeit (ein Antiemetikum) einnehmen, z.B. mit dem Wirkstoff Metoclopramid oder Domperidon. Die Migränebegleitsymptome wie Übelkeit und Erbrechen bessern sich dadurch, und auch die Aufnahme (Resorption) von Wirkstoffen gegen den Migräneschmerz wird dadurch verbessert. Zudem reduziert das Magenmittel mögliche Nebenwirkungen von Ergotaminpräparaten.
- Beim leichten Migräneanfall sollten 15 bis 30 Minuten nach Einnahme des Antiemetikums entweder 1000 Milligramm Acetylsalicylsäure (ASS) – möglichst als Brausetablette – oder 1000 Milligramm Paracetamol eingenommen werden. Mitunter genügt zur Verhinderung oder Unterbrechung des Anfalls (Anfallskupierung) auch das Magenmittel Metoclopramid allein (oral oder als Zäpfchen) oder in Kombination mit 1000 Milligramm Acetylsalicylsäure (ASS) als Brausetablette bzw. Paracetamol als Tablette oder Zäpfchen (1000 Milligramm). Inzwischen

gibt es bereits Kombinationspräparate von Metoclopramid und Paracetamol. Gut verträglich ist ASS auch als Kautablette, die jetzt im Handel ist. Manchen Patienten hilft bei den ersten Anzeichen eines bevorstehenden Migräneanfalls auch die Einnahme von 20 bis 40 Milligramm des Wirkstoffs Domperidon.

- Beim schweren Migräneanfall wird das Antiemetikum mit 1 bis 2 Milligramm Ergotamintartrat – möglichst als Zäpfchen (Suppositorium) kombiniert. Tritt innerhalb von einer Stunde keine Schmerzminderung ein, können nochmals 1 bis 2 Milligramm Ergotamintartrat verabreicht werden, jedoch keinesfalls mehr. Alternativ steht der neue Wirkstoff Sumatriptan zur Verfügung (Einmaldosis von 50 bis 100 Milligramm oral bzw. bis zu 12 Milligramm pro Tag subkutan mittels Autoinjektor/Pen). Als sogenannte Ausweichpräparate haben bisher nur das Antirheumatikum Naproxen sowie Ibuprofen ihre Wirksamkeit belegen können. Notfalls können die Wirkstoffe auch in der ärztlichen Praxis intravenös, intramuskulär bzw. subkutan als Injektion verabreicht werden. Nur unter ärztlicher Kontrolle kann auch eine eventuelle Anwendung des starken Schmerzmittels Metamizol erfolgen. Allerdings besteht dabei die Gefahr eines weiteren Blutdruckabfalls.
- Die Unterscheidung zwischen leichten und schweren Migräneanfällen ist nach Meinung der Deutschen Migräne- und Kopfschmerzgesellschaft allerdings eher theoretisch, denn die meisten Migräneepisoden beginnen mit leichteren Beschwerden und weiten sich später zu schweren Attacken aus.

Wichtig für Arzt und Patient sind außerdem folgende Hinweise zur Behandlung akuter Migräneanfälle: Alle Mittel bis auf das hochwirksame Sumatriptan müssen möglichst im frühesten Anfangsstadium des Anfalls genommen werden. Sumatriptan wirkt dagegen erst dann, wenn die typischen Migräneschmerzen und -beschwerden bereits deutlich ausgeprägt sind.

Es hat keinen Zweck, die Dosierung ärztlich verordneter oder zur Selbstmedikation empfohlener Schmerzmittel auf eigene Faust aus Angst vor Nebenwirkungen unnötig gering zu halten. Wichtig ist vielmehr, daß möglichst frühzeitig relativ hohe Wirkstoffspiegel im Blutserum erreicht werden. Diese Taktik ist auch besser, als erst versuchsweise mit nur einer Schmerztablette zu beginnen und dann später, falls die gewünschte Wirkung doch nicht eingetreten ist, nochmals »nachzulegen«. Dies führt direkt in den gefürchteten Schmerzmittelmißbrauch!

Die Deutsche Migräne- und Kopfschmerzgesellschaft empfiehlt ausdrücklich, nur Monosubstanzen, also Medikamente mit nur einem Wirkstoff, gegen die Migräne zu nehmen. Kombinationspräparate können sehr leicht zu Abhängigkeit und Schmerzmittelsucht führen. Zudem sind die möglichen Nebenwirkungen von Kombinationsmitteln schwerer einzuschätzen als die von Monopräparaten. Präparate, die zusätzlich Koffein enthalten, sind nach Ansicht der Deutschen Migräne- und Kopfschmerzgesellschaft nicht empfehlenswert, weil dadurch der während des Migräneanfalls ohnehin erhöhte Sympathikotonus (Reizbarkeit des Sympathikusnervs) weiter gesteigert wird. Die Förderung der Wirkstoffaufnahme in Magen und Darm infolge des Koffeins sei kein ausreichendes Argument für die Gabe dieser Substanz.

Mehr zu den einzelnen Mitteln, die – ob mit oder ohne Empfehlung der Deutschen Migräne- und Kopfschmerzgesellschaft – von Ärzten heute gegen Migräne verordnet werden, finden Sie im folgenden Kapitel.

Mittel zur Vorbeugung von Migräneanfällen

Beta-Rezeptorenblocker
Als Vorbeugungstherapie verschreiben Ärzte im allgemeinen ein Jahr lang (!) Betablocker. Betablocker werden sonst hauptsächlich gegen zu hohen Blutdruck (Hypertonie) und Herzrhythmusstörungen verordnet. Es handelt sich also dabei *nicht* um Schmerzmittel. Die zur Zeit am häufigsten ärztlich verordneten Substanzen heißen Propranolol, Metoprolol, Oxprenolol, Alprenolol und Pindolol.

Nutzen: Die Übererregbarkeit des vegetativen Nervensystems wird reduziert, die Ausschüttung der Streßhormone Adrenalin und Noradrenalin verringert (die für das Entstehen eines Migräneanfalls mitverantwortlich sind).

Risiken: Betablocker können schlapp, müde und antriebsschwach machen. Auch der Herzschlag kann dadurch verlangsamt werden. Wer zuvor schon einen zu niedrigen Blutdruck hatte, sollte mit Hilfe von Sport (Schwimmen, Radfahren, eventuell Jogging) den Blutdruck auf natürliche Weise hochtrainieren. Asthmatiker und Zuckerkranke dürfen Betablocker nicht einnehmen. Auch in der Schwangerschaft sind sie verboten, da sie auf die Muskulatur der Gebärmutter entweder anregend oder dämpfend wirken. Nach der Einnahme von Betablockern kann die sexuelle Lust (Libido) spürbar nachlassen.

Calciumblocker
Diese Substanzen wirken ähnlich wie die Betablocker und wurden ursprünglich zur Behandlung von Bluthochdruckkranken entwickelt. Calciumblocker (Calciumantagonisten) wirken der übermäßigen Aufnahme von Calcium in den Gefäßen entgegen und erweitern verkrampfte Blutgefäße. Das verbessert die Sauerstoffversorgung, auch der Hirnge-

fäße. Calciumantagonisten mit dem Wirkstoff Flunarizin, Verapamil oder Niphedipin müssen ärztlich verordnet werden.

Weniger Nebenwirkungen soll laut Prof. Dr. Dieter Soyka, Neurologische Universitätsklinik Kiel, ein neuer Wirkstoff aus der Reihe der Calciumblocker haben, das Cyclandelat. Es soll sich vor allem dann zur Migränebehandlung eignen, wenn die übliche Anfallstherapie nicht (mehr) zur Linderung der Beschwerden ausreicht, andere Mittel zur Verminderung der Anfallshäufigkeit wegen unverträglicher Nebenwirkungen aber abgesetzt werden müssen.

Nutzen: Die Blutgefäße werden stabilisiert – das bei der Migräne so häufige Verkrampfen und Erweitern der Gefäße entfällt also. Die Energiezufuhr für den Hirnstoffwechsel ist auf diese Weise besser gewährleistet.

Risiken: Von Calciumantagonisten kann man leicht müde werden, Verdauungsstörungen sind möglich (träger Darm!), außerdem wird nicht selten Appetitsteigerung und Gewichtszunahme beobachtet. Manchen Menschen zittern nach der Einnahme von Calciumantagonisten auch die Hände. Dann muß das Mittel abgesetzt werden. Mitunter kann auch die Neigung zu Depressionen gefördert werden. Depressive dürfen das Mittel daher nicht einnehmen!

Magnesium

Dieser Mineralstoff führt eine Entspannung der Blutgefäße herbei – auch im Gehirn, vor allem aber an den Herzkranzgefäßen. Magnesium reduziert das Freisetzen von Streßhormonen und dämpft auf diese Weise spürbar die Übererregbarkeit des Nervensystems. Zudem soll der Mineralstoff die Durchblutung und damit die Sauerstoffversorgung des Gehirns verbessern. Was für Migränepatientinnen und -patienten zudem wichtig ist: Magnesium fördert die Fließeigenschaften des

Blutes und wirkt so dem Verklumpen der Blutplättchen entgegen (Thrombose-, Embolie-, Infarktvorbeugung!).

Entsprechende Studien haben gezeigt, daß täglich hochdosiert eingenommenes Magnesiumcitrat sowohl die Häufigkeit als auch die Schwere von Migräneattacken deutlich reduzieren kann.

Sich allein magnesiumreich zu ernähren (z.B. mit Nüssen und Vollkornprodukten) genügt für eine wirksame Migränevorbeugung leider nicht. Auch wer gerade oder häufiger eine Diät macht und sich mit nur etwa 1000 Kilokalorien täglich ernährt – und das tun (heimlich!) sehr viele Frauen jeden Alters –, rutscht leicht in einen chronischen Magnesiummangel. Ärzte und Ernährungswissenschaftler raten daher zu einer Magnesiumeinnahme von täglich 600 Milligramm, und zwar sowohl zur allgemeinen Gesundheitsvorsorge als auch zur Migränevorbeugung.

Nutzen: Magnesium ist mit Abstand das »natürlichste« und gesündeste Mittel zur Migränevorbeugung. Der Mineralstoff nützt allgemein dem Gefäßsystem und schützt Venen wie Arterien nachweislich vor Krampfzuständen aller Art. Magnesium gilt auch als Streßabschirmer und wirkt im Körper zudem als Startersubstanz für mehr als 300 Enzyme. Es verhilft somit indirekt auch zu einer besseren Fettverbrennung bei der Ernährung.

Risiken: Die Gefahr einer Magnesiumüberdosierung besteht nicht. Der Überschuß wird zusammen mit dem Urin ausgeschieden. Auch andere Nachteile einer Magnesiumtherapie sind nicht bekannt. Zur Anfallsbehandlung bei einer akuten Migräneattacke kann Magnesium auch angewendet werden. Doch hilft es dann nicht verläßlich in jedem Fall, vor allem dann nicht, wenn das Migränegeschehen schon allzu weit fortgeschritten ist. Viele Migränekranke behalten vor und im Migräneanfall auch nichts im Magen. Die Einnahme von Magnesium in Form von Brausetabletten kann die Übelkeit dann unter Umständen sogar verstärken und zum Erbrechen reizen. Wenn jedoch vorher ein Mittel gegen Übelkeit angewendet wurde, wie es ja auch ärztlich empfohlen wird, kann Magnesium im akuten Migräneanfall durchaus hilfreich sein und entkrampfend wirken.

Mittel gegen akute Migräneschmerzen

Der Umgang mit Schmerzmitteln ist eines der heikelsten Kapitel in der Behandlung von Patienten mit Migränebeschwerden (siehe hierzu ›Medikamente‹, S. 107). Natürlich gibt es sehr hilfreiche natürliche Behandlungsmethoden auch gegen akute Migräneschmerzen (eine Fülle solcher Tips, u.a. zur Selbstbehandlung, finden Sie ab S. 174).

Andererseits können die Schmerzen mitunter unerträglich sein, oder sie können die Betroffenen ausgerechnet dann heimsuchen, wenn diese besonders fit sein wollen/müssen – etwa bei einer Prüfung oder einem anderen wichtigen und unaufschiebbaren Termin beruflicher oder privater Art. In solchen Ausnahmesituationen sind Migräneleidende dankbar, wenn sie ein Mittel zur Hand haben, das ihnen wenigstens für eine Weile Linderung ihrer Kopfschmerzen bringt.

Auch wenn es immer noch viele Ärztinnen und Ärzte gibt, die sich unter einer gelungenen Migränebehandlung nichts anderes vorstellen können, als den Patienten ein Rezept mit einem Schmerzmittel auszustellen: Letztlich haben es doch immer noch Sie selbst in der Hand, ob Sie tatsächlich zu einem Schmerzmittel greifen wollen oder ob Sie nicht doch lieber eine gesündere Alternative zur Schmerzbekämpfung wählen.

Bei den im folgenden beschriebenen Medikamenten handelt es sich ausschließlich um sogenannte Monosubstanzen (das sind Präparate mit nur einem Wirkstoff). Sie sollen im Gegensatz zu Mischpräparaten nicht so leicht zur Schmerzmittelabhängigkeit oder gar Tablettensucht führen (weil sie keine aufputschenden Inhaltsstoffe enthalten). Sie haben jedoch durchweg andere Nebenwirkungen, deren Risiken es sorgfältig abzuwägen gilt. Vor allem enthalten Monopräparate stets eine größere Wirkstoffmenge als die verschiedenen einzelnen Substanzen in Kombinationspräparaten. Der Leberstoffwechsel wird also auf jeden Fall entsprechend stark belastet.

Folgende Mittel können Ihnen gegen akute Migräneschmerzen ärztlich verordnet werden:

Acetylsalicylsäure (ASS)
Ein einfaches, leichtes Schmerzmittel, das seit Jahrzehnten im Handel ist. ASS wirkt zuverlässig schmerzlindernd und entzündungshemmend.

Vorteile: ASS verhindert das Zusammenklumpen der Blutplättchen (es wirkt der Gerinnselbildung entgegen) und sorgt daher dafür, daß das dünnflüssigere Blut auch in feinste Haargefäße des Gefäßnetzwerks im Gehirn einströmen kann. Die Schmerzhemmung ist zuverlässig und länger anhaltend. Neuerdings gibt es ASS auch zum Lutschen – wenn mal kein Wasser zum Einnehmen in der Nähe ist.

Nachteile: ASS ist eine Säure, die bei empfindlichen Menschen Magen- und Darmblutungen auslösen kann. Nicht ungefährlich ist auch, daß die Blutgerinnung gehemmt wird: Das kann bei Verletzungen zu länger anhaltenden Blutungen und größeren Blutverlusten führen. Spätestens 14 Tage vor einer geplanten Operation darf daher kein ASS-Präparat mehr eingenommen werden (natürlich auch nicht vor einer bevorstehenden Entbindung!). Auch die Neigung zu blauen Flecken wird durch die Einnahme noch verstärkt. Allergiker können überempfindlich auf Acetylsalicylsäure reagieren und/oder einen roten Hautausschlag davon bekommen.

Paracetamol

Paracetamol ersetzte das nierenschädliche Phenazetin als Wirkstoff in Schmerzmitteln. Reines Paracetamol kann aber ebenfalls Nierenschäden und schwerste Leberschäden bewirken, wenn zuviel davon eingenommen wird. Streng verboten ist die Einnahme von Paracetamol zusammen mit Alkohol: In der Leber bilden sich dann hochgiftige »Killer«-Substanzen, die das Lebergewebe zerstören! Reines Paracetamol eignet sich nur zu allenfalls gelegentlicher Anwendung bei starken Migränekopfschmerzen.

Vorteile: Paracetamol ist ein Wirkstoff mit zuverlässiger Schmerzlinderung. Es ist weniger aggressiv als Phenazetin.

Nachteile: Es ist noch viel zu wenig bekannt, wie giftig Paracetamol in hoher Dosierung für die Leber ist.

Ibuprofen

Ibuprofen wirkt ähnlich wie Acetylsalicylsäure; es greift jedoch den Magen- und Darmtrakt nicht so stark an. Allerdings tritt die schmerzlindernde Wirkung dafür etwas später ein.

Vorteile: Ein verhältnismäßig milder, aber zuverlässiger Wirkstoff mit weniger Nebenwirkungen als bei anderen Monoschmerzmitteln.

Nachteile: Etwas Geduld bis zur Schmerzlinderung ist notwendig. In sehr seltenen Ausnahmefällen kann es zu einer Hirnhautentzündung mit Fieber, Erbrechen – und Kopfschmerzen – kommen.

Ergotamine

Dabei handelt es sich um Wirkstoffe aus dem Getreide – nämlich um die sogenannten Mutterkorn-Alkaloide. Chemisch sind Ergotamine – im Gegensatz zu den oben beschriebenen Betablockern – sogenannte Alpha-Rezeptorenblocker. Auf die Gefäßmuskulatur können sie sowohl hemmend als auch erregend wirken. Das erklärt, warum ergotaminhaltige Präparate früher zur Vorbeugung von akuten Anfällen und jetzt (noch!) zur Behandlung bei Migräneschmerzen verordnet werden.

Nutzen: Ergotamine sind sehr gut erforschte Arzneisubstanzen, auf die die Medizin schon lange zurückgreift. Ihr Vorteil ist, vor allem für Frauen, daß Ergotamine die Ausschüttung von zuviel Prolaktin und von zuviel Serotonin hemmen. Beide spielen bei der Entstehung eines akuten Migräneanfalls eine wichtige Rolle. (Siehe hierzu auch ab S. 69.)

Risiken: Die Mutterkorn-Alkaloide der Ergotamine sind hochwirksame pflanzliche Giftstoffe, mit denen man sich buchstäblich vergiften kann. Zur Langzeitanwendung sind Ergotamine daher nicht geeignet. Die Wirkstoffe häufen sich im Körper an (sie kumulieren). Die Folge sind wiederum Kopfschmerzen. Sie können von Ergotaminen regelrecht ausgelöst werden! Weil Mutterkorn-Alkaloide auch auf die Muskulatur der Gebärmutter einwirken, dürfen sie von Schwangeren nicht eingenommen werden. Unerwünschte Nebenwirkungen sind ferner Übelkeit und Erbrechen, manchmal auch Taubheits- und Kälte- sowie Lähmungsgefühle (Kribbeln) in Händen und Füßen. Sogar das Risiko von Herz- oder Hirninfarkten soll bestehen.

> Achtung: Patienten reagieren außerordentlich unterschiedlich empfindlich auf Ergotamine! Eine Höchstdosis von 4 Milligramm Ergotamintartrat pro Attacke und pro Woche bzw. 16 Milligramm pro Monat dürfen wegen der Gefahr schwerer Nebenwirkungen keinesfalls überschritten werden!

Metamizol

Metamizol ist lange Zeit das Lieblingsschmerzmittel in Ärztehand gewesen. Wegen der Gefahr eines allergischen Schocks und schwerwiegender Blutveränderungen (Agranulozytose) sind Metamizol-Präparate nicht mehr frei verkäuflich. Heute wird Metamizol fast ausschließlich in der medizinischen Notfallbehandlung, bei sehr starken Schmerzen, gespritzt. Es gibt aber auch Präparate zum Einnehmen (Tropfen). Sie sind alle verschreibungspflichtig.

Achtung: Manche Ärzte versuchen auch, Ihnen die Migräne mit Hilfe ganz anderer Medikamente erträglicher zu machen. Hüten Sie sich davor, sich chemische Beruhigungsmittel (Tranquilizer) oder Antidepressiva verschreiben zu lassen! Diese Medikamente wirken zwar zunächst angenehm erregungsdämpfend oder auch erfreulich anregend. Sie können jedoch schon nach kurzer Zeit abhängig und süchtig machen, von einer ganzen Reihe anderer Nebenwirkungen abgesehen. Medikamentös »ruhiggestellt« bringen Sie dann auch nicht mehr die Energie auf, die eigentlichen Ursachen Ihrer Migräne anzugehen. Wenn Sie wirklich Ihr Leben gesünder gestalten wollen, dürfen Sie nicht abhängig von pharmazeutischen Präparaten werden – und schon gar nicht von Beruhigungsmitteln.

Vor allem Frauen werden solche Psychopharmaka oder Tranquilizer noch immer viel zu oft und zu leichtfertig verschrieben. Besser ist dann: den Arzt oder die Ärztin wechseln und sich um eine ganzheitliche Therapie der Gesundheitsstörungen bemühen.

Hände weg auch von Schlafmitteln aus chemischen Wirkstoffen. Sie führen ebenfalls zur Medikamentenabhängigkeit und bringen überdies Ihren natürlichen Schlaf-Wach-Rhythmus durcheinander – was wiederum Migräneanfälle begünstigt.

Sumatriptan

Als der Wirkstoff Sumatriptan in den Jahren 1992/93 auf den europäischen Markt kam und schließlich auch in Deutschland vom damaligen Bundesgesundheitsamt in Berlin amtlich zur Migräneschmerzbehandlung zugelassen wurde, hatte – ohne Übertreibung! – ein neues Zeitalter im Kampf gegen die Migräneschmerzen begonnen. Erstmals in der Geschichte der Migräneforschung wurden hiermit völlig neue therapeutische Wege beschritten, denn im Gegensatz zu allen anderen bisher verfügbaren Antimigränemitteln wird dabei nicht die Schmerzempfindung gehemmt bzw. die Schmerzleitung blockiert, sondern Sumatriptan greift unmittelbar in den biochemischen Hirnstoffwechsel ein und behebt das infolge des Migräneanfalls entstandene Ungleichgewicht hormoneller Botenstoffe. Diese Störung wird zumindest für bis zu zwölf Stunden behoben. Als unmittelbare Folge davon verschwindet auch der bohrende Migräneschmerz – zusammen mit allen anderen unangenehmen Begleiterscheinungen der Migräne. Diese Wirkung tritt etwa eine Stunde nach Anwendung des neuen Wirkstoffs ein. Sumatriptan eignet sich nur zur Notfallbehandlung, keinesfalls zur Daueranwendung.

Viele, die Sumatriptan erstmals ausprobierten und dadurch schmerzfrei wurden, sprechen von diesem Erlebnis wie von einer »Erlösung«. Natürlich ist es kein »Wundermittel« gegen Migräne, es kann sie auch nicht heilen. Doch die Erfahrung, wie zuverlässig es zumindest für die Zeit des akuten Anfalls von diesem Übel befreit, bleibt denjenigen, die mit Sumatriptan gute Behandlungserfolge erzielten, unvergeßlich. Auch ich gehöre zu diesen Patienten, bei denen Sumatriptan gut wirkt. Seitdem hat die Migräne für mich ihren Schrecken verloren, und ich habe viele produktive Arbeitsstunden hinzugewonnen, die ich sonst von meiner Migräne gequält im Bett verbracht hätte!

Der neue Wirkstoff Sumatriptan ist chemisch mit dem Botenstoff Serotonin verwandt und wurde erstmals 1984 synthetisiert. Was als Geheimprojekt in den Labors der industriellen Forschung unter der Nummer GR 43175 aus der Retorte »gezaubert« wurde, ist ein sogenannter Rezeptorverstärker (Agonist) für den Neurotransmitter Serotonin, der unter bestimmten Umständen auch als Gewebehormon wirkt. (Siehe hierzu auch ›Hormone‹ ab S. 59.)

Da das Serotonin manche Blutgefäße erweitert, andere dagegen enger stellt, kommt ihm in der Biochemie des Körpers wahrscheinlich die Rolle eines »Modulators« zu. Vor und während eines akuten Migräneanfalls sinkt bei manchen Menschen nachweislich der Serotoninspiegel im Blut. Der Mangel macht sich hauptsächlich an den Hirngefäßen bemerkbar.

Diesen Mangel vermag der neue Wirkstoff Sumatriptan als Serotoninverstärker offenbar für einen gewissen, wenn auch kurzen Zeitraum aufzufüllen. Und das funktioniert so: Das Sumatriptan verstärkt die Leistung einer körpereigenen Empfangsstation (Rezeptors) für den Botenstoff Serotonin. Sumatriptan repariert sozusagen das Schloß, in das stets nur ganz bestimmte Neurotransmitter wie Generalschlüssel passen. Erst wenn dieser biochemische Steckkontakt zustande kommt, kann der jeweilige Botenstoff auch die richtigen Türen öffnen und den Körperzellen seine Botschaft vermitteln. Unter Sumatriptaneinfluß soll Serotonin das noch besser können als gewöhnlich.

Das Sumatriptan wirkt also biochemisch als Serotonin-*Agonist* (Verstärker), im Gegensatz zu Serotonin-*Antagonisten*, die einem Überschuß des Botenstoffs im Blut entgegenwirken sollen (was bei manchen Menschen ebenfalls Kopfschmerzen auslösen kann). Im Einzelfall muß also ausprobiert werden, ob Sumatriptan nun der »richtige« oder genau der falsche Wirkstoff gegen die jeweilige Migräne ist.

Inzwischen überblickt die medizinische Forschung rund 52 Millionen mit Sumatriptan (erfolgreich) behandelte Migräneattacken. Die Substanz kann sowohl oral eingenommen (in unterschiedlicher Dosierung von 50 bis zu 100 Milligramm Wirkstoff pro Einmalanwendung) als auch subkutan direkt unter die Haut eingespritzt werden (12 Milligramm Einmaldosis) mit Hilfe eines sogenannten Autoinjektors oder eines füllfederartigen Pens. Auch ein sumatriptanhaltiger Nasenspray wird mittlerweile erprobt. Zuvor wird die Substanz aber wahrscheinlich noch in Form von Zäpfchen auf den Arzneimittelmarkt kommen.

Auch ein Nachfolgeprodukt mit dem verwandten Wirkstoff Naratriptan, ebenfalls ein Serotoninagonist, wird derzeit entwickelt.

Vorteile: Wenn die jeweilige individuelle Migräneform auf den Wirkstoff Sumatriptan anspricht, verschwindet der Schmerz samt anderen Begleiterscheinungen der Migräne zuverlässig spätestens nach 60 Minuten. Nur in Ausnahmefällen kann die nochmalige Anwendung des Mittels notwendig werden, etwa, wenn die verordnete Anfangsdosis von maximal 50 Milligramm Wirkstoff sich doch als zu niedrig und daher nicht wirksam genug erweist. Sumatriptan wird nur in sehr geringer Menge abgegeben und muß ärztlich verordnet werden. Eine Suchtgefahr wurde bisher nicht beobachtet.

Nachteile: Bei einer Reihe von Migränepatienten haben sich gravierende Nebenwirkungen in Form von Brustenge, dem Gefühl von Herzkrämpfen (Spasmen) oder Atemnot gezeigt. Diese Beschwerden wurden von den Betroffenen als so schlimm empfunden, daß sie in Zukunft doch lieber ihre Migräneschmerzen in Kauf nehmen, als diese Angstgefühle zu erleiden. Untersuchungen haben inzwischen ergeben, daß diese Beschwerden aller Wahrscheinlichkeit nach doch nicht von den Herzkranzgefäßen ausgehen, sondern eventuell Empfindungsstörungen im Bereich des Brustkorbs oder der Speiseröhre auslösen.

In der praktischen Anwendung von Sumatriptan hat sich mittlerweile herausgestellt, daß oft nur die Wirkstoffmenge verringert werden muß (also versuchsweise nur 50 statt 100 Milligramm einnehmen!), dann bleiben die Nebenwirkungen aus. Ferner haben Sumatriptananwender herausgefunden, daß es ihnen besser bekommt, wenn sie sich nach der Einnahme nicht ruhig ins Bett legen – wie von ihrer Migräne bisher gewohnt –, sondern wenn sie im Raum umhergehen oder sich anderweitig beschäftigen. Sport sollte nach der Einnahme von Sumatriptan vorsichtshalber nicht betrieben werden.

Dennoch gibt es aufgrund der noch nicht zufriedenstellend geklärten Nebenwirkungen ärztlich empfohlene Einschränkungen, wer Sumatriptan *nicht* anwenden sollte: Kinder, Schwangere, Mütter während der Stillzeit sowie Patientinnen und Patienten mit koronarer Herzkrankheit und anderen Herzbeschwerden. Eine ärztliche Untersuchung empfiehlt sich auf jeden Fall vor der ersten Anwendung von Sumatriptan. Auch für Patienten mit bekannten Risikofaktoren für die Blutgefäße wie zum Beispiel Bluthochdruck, Zuckerkrankheit, massivem Übergewicht, Fettstoffwechselstörungen und Nikotingenuß (bei Frauen eventuell auch Hormoneinnahme) könnte die Anwendung von Sumatriptan gefährlich werden.

Vorsicht: Da sich die gefäßverengende Wirkung von Ergotamin und Sumatriptan gegenseitig hochschaukeln kann, dürfen diese beiden Wirkstoffe nicht zeitgleich angewendet werden. Ein Sicherheitszeitabstand von mindestens 12 Stunden ist daher unbedingt einzuhalten.

Bei einigen Patienten hat sich gezeigt, daß die schmerzbeseitigende Wirkung des Mittels nur sechs bis acht oder zwölf Stunden anhält. Dann kommt die Migräne wieder, oft aber auf der anderen Schläfenseite. Möglicherweise war dann der Wirkstoff bei der Ersteinnahme nicht ausreichend hoch dosiert. Dann kann nach Rücksprache mit dem Arzt ein zweiter Anwendungsversuch unternommen werden. Stellt sich die Wiederkehr der Schmerzen aber erneut ein (Rebound-Syndrom), dürfte Sumatriptan für diese Patienten nicht der geeignete Wirkstoff sein. Auch zeigen mittlerweile erste Langzeiterfahrungen, daß sich der Körper bei sehr häufigen Migräneanfällen an den neuen Wirkstoff zu gewöhnen scheint und nicht mehr so prompt darauf reagiert. Bei mehr als sechs Migräneattacken pro Monat sollte daher auf jeden Fall eine ärztlich kontrollierte Migränevorbeugung (Prophylaxe) in Angriff genommen werden.

Noch immer ist Sumatriptan ein sehr teures Präparat. Die Einmaldosis kostet etwa 30 Mark, die Packung mit sechs Tabletten zu je 100 Milligramm Wirkstoff über 180 Mark! Die Herstellerfirma Glaxo/Wellcome erklärt diese Hochpreispolitik mit den enormen Forschungskosten für die Entwicklung dieses völlig neuartigen Migränemittels. Einen Vorteil hat aber auch der hohe Preis: Man überlegt sich sehr genau, ob die Migräne wirklich so schlimm ist oder werden wird, daß die Anwendung des teuren Sumatriptans wirklich gerechtfertigt ist.

Migränemittel für Kinder

Wenn Eltern feststellen müssen, daß ihr Kind unter Migräneanfällen leidet, zögern sie meist mit dem Verabreichen von geeigneten Schmerzmitteln – aus berechtigter Sorge, ihr Kind würde auf diese Weise eine »Einstiegsdroge« in eine lange Schmerzmittel-»Karriere« erhalten. Diese Bedenken bestehen sicher zu Recht. Doch sollten sich die besorgten Eltern auch klarmachen, daß nichts so lernfähig ist wie das Gehirn, auch was den Schmerz angeht. Wenn das Gehirn erst einmal die Erfahrung gemacht hat, wie schlimm manche Schmerzen sein können – und die Migräneschmerzen gehören zu den schlimmsten Schmerzzuständen überhaupt! –, so »merkt« es sich diese Erfahrung, speichert sie im Langzeitgedächtnis und »erinnert« sich bei nächster Gelegenheit wieder daran. Schmerz gehört zu den wenigen Lebenserfahrungen, gegen die man nicht abstumpft, sondern im Gegenteil immer empfindlicher wird.

Hat also ein Kind seine erste Migräneschmerzerfahrung gemacht und hat es dabei nicht erleben können, auf welche Weise es mit diesem Schmerz umgehen muß, damit er spürbar nachläßt, wird es jeden neuerlichen Migräneanfall mit Angst und Schrecken und noch größerer Schmerzerwartung passiv hinnehmen. Hier sind die Eltern gefordert: Sie müssen ihrem Kind vermitteln, daß es Situationen erkennen und vermeiden lernen sollte, die Migräneanfälle bei ihm auslösen – und wie derartige Anfälle am besten überwunden werden. Migränekinder sollten darum unbedingt so frühzeitig wie irgend möglich mit den wirklich hilfreichen Selbstentspannungstechniken vertraut gemacht werden (mehr hierzu ab S. 168). Kinder haben zudem den großen Vorteil, daß sie diese Techniken noch spielerisch erlernen, ohne den Zwang dahinter zu verspüren, den Erwachsene oft empfinden.

Dennoch dürfen Eltern ihrem migränekranken Kind im Notfall schmerzlindernde Medikamente nicht verweigern! Nur wenn das Kind die Erfahrung machen kann, daß es Schmerzen nicht unbegrenzt ertragen muß, wird es keine allzu großen Ängste vor neuen Migräneanfällen aufbauen. Dies ist im übrigen auch die Meinung von Psychologen und Schmerztherapeuten. Im Kindesalter genügen oft schon einfache Schmerzmittel wie zum Beispiel Acetylsalicylsäure zur wirksamen Schmerzlinderung. Das Medikament sollte jedoch nur dann angewendet werden, wenn herkömmliche Verhaltensmaßnahmen wie Bettruhe im abgedunkelten Zimmer (keine Musik, kein Fernsehen!) nicht gegen den Migräneschmerz helfen.

Übrigens: Viele Kinder, denen im Auto schlecht wird, neigen später auch zu Migräne. Prof. Dr. Gerber, Kiel, hält dies für ein sicheres Warnzeichen für Übererregbarkeit des Kindes (siehe hierzu auch S. 116).

Bei Kindern unter zehn Jahren, die unter Migräneanfällen leiden, sollte – falls Schmerzmittel erforderlich sind – ein Magenberuhigungsmittel verabreicht werden, das für Kinder geeignet ist (z.B. Paspertin-Saft). Schmerzstillende Medikamente können dann besser vertragen werden und wirken auch rascher. Allenfalls können 10 bis 20 Milligramm des Antiemetikums Domperidon gegeben werden.

Als Analgetikum (Schmerzmittel) der Wahl gegen kindliche Migränekopfschmerzen empfiehlt die Deutsche Migräne- und Kopfschmerzgesellschaft entweder 100 Milligramm Acetylsalicylsäure (ASS) oder 200 bis 400 Milligramm Ibuprofen.

Gewarnt wird hingegen vor Kombinationsschmerzmitteln – und zwar für Kinder wie für Erwachsene. Insbesondere Koffein, Codein, Belladonnaextrakte, Antihistaminika (sonst gegen Allergien wirksam) sowie krampflösende Spasmolytika sollten Kindern nicht gegen Migränekopfschmerzen verabreicht werden. Empfehlenswert sind zur Anwendung insbesondere Brausetabletten oder Zäpfchen.

Das ganz natürliche Anti-Migräne-Programm

Natürliche Behandlungsweisen bei Migräne

Sollten Sie mit den Behandlungsmethoden, die Ihnen die Schulmedizin bisher zu bieten hat, nicht gut zurechtkommen – vielleicht auch deshalb, weil sich Ihr Innerstes gegen das Herumdoktern mit Medikamenten sträubt –, helfen Ihnen vielleicht alternative Behandlungsweisen, wie sie die Naturheilkunde bereithält. Viele dieser natürlichen Behandlungsverfahren haben sich sowohl in der Langzeitbehandlung von Migräneleidenden als auch bei akuten Schmerzzuständen bestens bewährt. Gerade auch für sie gilt freilich das oberste »Naturgesetz«: Gesunde Ernährung, ausreichende körperliche Bewegung und eine ausgeglichene Lebensweise sind eine wichtige Grundvoraussetzung dafür, daß Behandlungsmaßnahmen gegen die Migräne »anschlagen« und ihre heilsame Wirkung voll entfalten können.

Im folgenden finden Sie einen Überblick über die Naturheilmethoden, die fachkundige Anleitung erfordern. Tips zur Selbstbehandlung auch mit natürlichen Mitteln sind im anschließenden Kapitel zusammengestellt.

Die Akupunktur

Diese fernöstliche Behandlungsmethode hat sich gerade bei Migräne und Kopfschmerzen aller Art als wirksam erwiesen. Das »Nadeln« bestimmter Reizpunkte auf den sogenannten

Körpermeridianen bringt im akuten Schmerzanfall oft rasche Linderung. Die planmäßige Akupunktur kann aber auch den Körper insgesamt umstimmen und zu gesünderen Reaktionen veranlassen – beispielsweise bei übermäßiger Schmerzempfindlichkeit oder bei ausgeprägter Wetterfühligkeit. Manchen Migränekranken hilft allerdings auch die Akupunktur nicht in der erhofften Weise. Das kann dann unter Umständen daran liegen, daß Ihr Therapeut oder Ihre Therapeutin vielleicht (noch) nicht die Körperpunkte genadelt hat, die Ihrem Körper einen wirksamen Heilimpuls vermitteln könnten.

Geduld ist daher eine wichtige Voraussetzung für den Erfolg einer Akupunkturbehandlung: Brechen Sie die Therapie nicht schon enttäuscht ab, wenn sich nach den ersten drei oder vier »Sitzungen« noch nichts in Richtung Migränelinderung tut. Mitunter sind mehr als zehn Behandlungen notwendig, bis der Körper spürbar reagiert. Auch wenn sich Ihre Beschwerden vielleicht verschlimmern sollten, ist dies kein Grund, die Therapie aufzugeben: Es kann sich dabei um eine sogenannte Erstverschlimmerung handeln, die lediglich anzeigt, daß der Organismus auf die Reizbehandlung überhaupt anspricht – und das gilt in der Naturheilkunde als positives Zeichen.

Das Bundesministerium für Bildung, Wissenschaft und Forschung läßt die Akupunkturmethode derzeit an den Krankenhäusern in Düsseldorf und Oberhausen wissenschaftlich überprüfen. An der bis 1998 dauernden Studie sind 360 Kopfschmerz- und Migränepatienten beteiligt.

Hinsichtlich der Kostenerstattung einer Akupunkturbehandlung gibt es bei den gesetzlichen Krankenkassen keine einheitliche Regelung (mehr). Häufig wird von Fall zu Fall entschieden. Ebenso halten es die privaten Krankenversicherungen mit der Kostenerstattung. Zumindest ein Anteil – meist in Höhe von 30 bis 50 Mark je Akupunktursitzung – ist jedoch in den meisten Fällen auf Antrag zu erreichen.

Die Chirotherapie

Das Zurechtrücken fehlbelasteter Wirbel und das Auflockern schmerzhafter Bindegewebeverhärtungen und Muskelverkrampfungen im Bereich der Halswirbelsäule (HWS) ist eine heikle Angelegenheit. Diese manuelle Therapie kann Migräneleidenden helfen, deren Migräne überwiegend von solchen Fehlbelastungen der Halswirbelsäule herrühren (siehe auch ›Weitere Beschwerden im Kopfbereich‹, S. 103). Chiropraktische Handgriffe können jedoch auch sehr gefährlich sein: Gerade ungeschickte oder zu waghalsige Manipulationen an den migräneauslösenden Wirbelblockaden können den Betroffenen schwersten gesundheitlichen Schaden zufügen. Voraussetzung für eine chiropraktische Behandlung ist daher eine gründliche röntgenologische Untersuchung der Patienten. Falls Verletzungen, Geschwülste oder auch »nur« bereits abgenutzte oder brüchig gewordene Wirbelkörper vorliegen (etwa bei einer Osteoporose-Erkrankung), heißt es: Hände weg von jeglicher Manipulation an der Halswirbelsäule! Ferner muß gewährleistet sein, daß es sich bei dem konsultierten Chirotherapeuten um eine gut ausgebildete und erfahrene Fachkraft handelt. In Deutschland ist das nicht leicht herauszufinden. In den USA und in der Schweiz dürfen beispielsweise nur Chiropraktiker tätig sein, die sowohl ein medizinisches Grundstudium als auch eine mindestens vierjährige chiropraktische Ausbildung vorzuweisen haben.

Im Zweifelsfall sollten Sie sich daher am besten zunächst an einen Orthopäden Ihres Vertrauens wenden und sich gegebenenfalls nach einer guten chiropraktischen Behandlung erkundigen. Ob Ihre Krankenkasse eventuell die Kosten für chiropraktische Anwendungen übernimmt, sollten Sie vorher abklären.

Die Neuraltherapie

Viele Migräneleidende »schwören« auf die Wirksamkeit der Neuraltherapie: Gegen akute oder chronische Schmerzen wird ein örtliches Betäubungsmittel wie z.B. Procain direkt in ein vermutetes Störfeld (etwa alte Narben) bzw. in die Haut über der Schmerzstelle eingespritzt. Dabei kann eine überraschende Sofortwirkung einsetzen – das sogenannte Sekundenphänomen. Die Neuraltherapie gilt als eines der erfolgreichsten alternativen Behandlungsverfahren bei Migräne. Ihre Anwendung beherrschen in aller Regel Ärztinnen und Ärzte für Naturheilverfahren, aber auch in dieser Methode ausgebildete Heilpraktiker. Die »Neuraltherapie« findet sich zumeist auch auf dem Hinweisschild einer Arzt- oder Naturheilpraxis. Als neuraltherapeutische Vorgehensweise empfiehlt Matthias Dorsch in seinem Bildatlas ›Technik der Neuraltherapie‹, daß ein- bis zweimal wöchentlich für die Dauer von vier Wochen beispielsweise an die Schilddrüse die Betäubungsmittel Lidocain oder Procain (Menge: 0,5 bis 1,0 Milliliter) gespritzt werden. Vor Behandlungsbeginn sollten anderweitige Störfaktoren im Körper analysiert bzw. ausgeschlossen werden. Die Neuraltherapie eignet sich auch gut als Ergänzung zur Akupunkturbehandlung (Ohr- und Körperakupunktur) und zur Homöopathie. In manchen Fällen bezahlen die Krankenkassen die Neuraltherapie. Vorsichtshalber sollten Sie sich zuvor jedoch darüber genau informieren.

Die Homöopathie

Gerade bei chronischer Migräneneigung sollten Sie die ausführliche Beratung eines Arztes oder einer Ärztin bzw. von Heilpraktikern in Anspruch nehmen, die in klassischer

Homöopathie ausgebildet sind. In dem besonders ausführlichen Erstgespräch mit Ihnen, das oft länger als eine Stunde dauern kann, dürfen Sie alle Ihre Beschwerden und auch Ihre Lebensumstände schildern. Entsprechend diesem Gesamtbild werden Ihnen dann diejenigen homöopathischen Heilmittel verordnet, die ganz individuell auf Ihren persönlichen Krankheitsfall abgestimmt sind. Sie riskieren bei homöopathischen Anwendungen auch keine unkontrollierbaren oder gar gefährlichen Nebenwirkungen. Das einzige, was Ihnen passieren kann, ist, daß das oder die Mittel nicht wirken. Dann muß etwas anderes versucht werden.

Homöopathika, die von Heilpraktikern verordnet werden, bezahlt die Kasse nicht. Rezepte von Ärzten werden dagegen mitunter erstattet (vorher erkundigen!).

Es gibt auch homöopathische Mittel, z.B. gegen Migräne bzw. gegen Kopfschmerzen, die Sie ohne Rezept in der Apotheke kaufen können. Diese Präparate sind natürlich *nicht individuell* auf Sie und Ihre ganz persönliche Migräne abgestimmt, sondern es sind bewährte Präparate, die erfahrungsgemäß *vielen* Menschen bei Migräne und Kopfschmerzen helfen können. Einen (Selbst-)Behandlungsversuch sind sie aber allemal wert. (Siehe auch S. 182.)

Die Sauerstofftherapie

Sie ist eine ebenso einfache wie wirksame Sofortbehandlungsmethode bei überaus heftigen, also schier unerträglichen Kopfschmerzen und Migräneanfällen vom Typ Cluster-Kopfschmerz/Horton-Syndrom. Das Einatmen von hochprozentigem Sauerstoff behebt oft innerhalb weniger Augenblicke die vernichtenden Schmerzen, die auch mit einer akuten Sauerstoffnot des Gehirns einhergehen. Rufen Sie daher ohne

Hemmungen den Notarzt herbei und verlangen Sie schon am Telefon ausdrücklich eine Sauerstoffbehandlung – oder lassen Sie sich für den Wiederholungsfall (also wenn Sie öfter unter derartigen Schmerzzuständen zu leiden haben) in die Selbstanwendung von medizinischem Sauerstoff einweisen. Es gibt auch Sauerstoffgeräte für den Hausgebrauch. Wichtig: Sie sollten sich unbedingt von einem Arzt oder einer Ärztin bzw. von speziell ausgebildeten Sauerstoff-Therapeuten fachkundig die Selbstanwendung erklären lassen. Eine unsachgemäße Sauerstofftherapie bringt nämlich auch Risiken und Gefahren für die Gesundheit mit sich, z.B. eine Überflutung des Kreislaufs bzw. des Blutes mit zuviel Sauerstoff – das kann Schwindelgefühle, Übelkeit, Herzrasen und Panikattacken auslösen. Andere Nebenwirkungen sind freilich nicht zu erwarten, solange der Sauerstoff nur *eingeatmet* wird.

Für die Kosten einer Sauerstofftherapie müssen Sie im allgemeinen selbst aufkommen. Nur wenn Sie im Notfall vom Notarzt mit Sauerstoff beatmet werden, ist das eine Kassenleistung.

Musiktherapie/Farbtherapie/Kreativtherapie

Musik hören oder selbst musizieren, Meditationsklängen lauschen, Farben auf sich wirken lassen und künstlerische Betätigung können sich im Einzelfall überaus positiv auf Migräne- und Kopfschmerzpatienten auswirken. Patentrezepte, was wem wann und in welcher Weise genau hilft, lassen sich hier freilich nicht aufstellen. Solche musisch-kreativen Behandlungsalternativen eignen sich vor allem gut zur Langzeittherapie. Systematisch wird dabei das Loslassenkönnen, auch vom Schmerz, eingeübt. Musiktherapie kann aber auch im akuten Migräneanfall sehr gut helfen, die Schmerzen leichter zu ertragen. Adressen von guten Musik- und Kreativtherapeuten erfahren Sie z.B. in Musikhochschulen, aber auch von Psychologen, die entweder selbst auf diesem Gebiet Patienten behandeln oder mit speziell ausgebildeten Therapeuten arbeiten. Neuerdings gibt es auch ein musiktherapeutisches Computerprogramm gegen Kopfschmerzen und Migräne. Unter dem Titel ›Melodie der Psyche‹ wird es von einer Strausberger Firma in Brandenburg vertrieben. Dieses Computerprogramm setzt menschliche Hirnströme in individuelle Klänge um. Dazu werden vier Elektroden an die Stirn und den Hinterkopf angelegt. 40 Minuten muß man nun bewegungslos mit geschlossenen Augen so verharren. Der Hochleistungscomputer speichert die Mikroimpulse, die von der Kopfhaut ausgehen, und setzt sie in authentische Töne um. Bei jedem Menschen klingt das Ergebnis anders: Sie oder er hört die eigenen Hirnströme als Klangbild. Manche Melodien wirken fröhlich und beschwingt, andere melancholisch oder traurig.

Migränekranke hören diese eigene Musik einen Monat lang dreimal täglich. 90 Prozent der Testpersonen berichten, ihre Migräne habe sich dadurch gebessert – und zwar schmerzmittelfrei. Die Hirnstrommusik wird im Rahmen eines klinischen Versuchs im Brandenburgischen Humaine-Klinikum Bad Saarow zur Zeit noch wissenschaftlich erprobt.

Psychotherapien

Da die Seele beim Migränegeschehen fast immer mit beteiligt ist, kann es vor allem langfristig sehr hilfreich sein, die seelischen Hintergründe der eigenen Migräneneigung aufzuspüren. Wer sehr unter Migräne leidet, sollte sich daher nicht scheuen, psychologische bzw. psychotherapeutische Hilfe in Anspruch zu nehmen.

Entgegen landläufiger Meinung geht es dabei keineswegs darum, nun im Eilverfahren Ihr ganzes Leben umzukrempeln. Viel eher erhalten Sie die Möglichkeit, etwa in einer Gesprächs- oder Verhaltenstherapie herauszufinden, wie Sie mit Streß, Konflikten, alltäglichen, beruflichen oder Beziehungsproblemen umgehen. (Ein Behandlungsbeispiel finden Sie gleich im nächsten Kapitel.)

Es gibt also nicht *die* Psychotherapie, sondern eine ganze Bandbreite psychotherapeutischer Behandlungsmöglichkeiten. Was davon für Sie in Frage kommt, können Sie in einem Beratungsgespräch in Erfahrung bringen, wie es z.B. die psychosomatischen Institute der Universitätskliniken anbieten (Adressen siehe Anhang).

Psychotherapeutische Behandlungen werden, sofern ein behandlungsbedürftiges Leiden wie z.B. chronische Migräne zugrunde liegt, von den Krankenkassen bezahlt.

Stationäre Behandlung in einer psychosomatischen Klinik oder einem Krankenhaus für Naturheilverfahren

Eine stationäre Behandlung in einer Klinik ist etwas für Migränekranke, die sich für eine Weile ganz aus ihrem bisherigen, zumeist ungesunden Leben ausklinken wollen und die sich zusammenhängend ein gutes Stück Zeit für die Behandlung ihres Migräneleidens nehmen wollen. Da es erst wenige Spezialkliniken für Migräniker gibt, sind psychosomatische Kliniken oder entsprechende Spezialabteilungen in größeren Krankenhäusern, aber auch Krankenhäuser, wo nach den Regeln der Naturheilkunde behandelt wird, eine gute Alternative. Auch immer mehr ganzheitlich denkende Ärztinnen und Ärzte schlagen besonders geplagten Migräneleidenden diese Behandlungsmöglichkeit vor.

In einer psychosomatischen Klinik oder Station wird vor allem Wert auf das seelische Aufdecken und Verarbeiten von Konflikten gelegt, die mitverursachend für das Migräneleiden sein können. Sie sollten sich allerdings schon vier Wochen Zeit für einen solchen Klinikaufenthalt nehmen.

Nicht von heute auf morgen als »geheilt« entlassen werden Sie auch aus einem Krankenhaus für Naturheilverfahren: Der Faktor Zeit ist eine Basis dafür, die körpereigenen Selbstheilungskräfte (wieder) in Gang zu setzen. Ihre Behandlung umfaßt dann beispielsweise eine gründliche Darmsanierung, Sie können unter ärztlicher Kontrolle heilfasten – eine gute Voraussetzung für eine dauerhafte Ernährungsumstellung –, und Sie bekommen Heilkräuteranwendungen, Aromatherapie, Bäder und Massagen, also die ganze Palette natürlicher Heilverfahren, die Sie sonst mühsam »draußen« absolvieren müßten. Auch die Akupunktur, Neuraltherapie, Homöopathie und Sauerstofftherapie werden in Krankenhäusern bzw. deren Abteilungen für Naturheilweisen angewendet.

Biofeedback und Verhaltenstherapie: Die neue Konkordanzbehandlung

In der Abteilung für Medizinische Psychologie der Kieler Universitätsklinik findet für eine kleine Gruppe von Migränepatientinnen und -patienten derzeit ein interessanter Behandlungsversuch statt, der auch erfolgversprechend für andere Migräniker ist. Prof. Dr. Wolf-Dieter Gerber, Kiel, Präsident der Deutschen Migräne- und Kopfschmerzgesellschaft, stellte sie kürzlich auch auf der 1. Internationalen Konferenz der Europäischen Kopfschmerz-Föderation vor.[1]

Die sogenannte Konkordanztherapie koppelt ein bereits bewährtes Behandlungsverfahren zur besseren Selbstkontrolle von Körpervorgängen, das Biofeedback, mit einem gezielten Verhaltens- und Streßbewältigungstraining. 60 bis 70 Prozent der Kopfschmerz- und Migränepatienten, die diese Kombinationsmethode erlernen, könnten künftig ohne Schmerzmittel auskommen, erläutert der Kieler Arzt.[2]

Wie funktioniert diese vielversprechende Methode? Anna, 26 Jahre alt, Migränepatientin, sitzt vor einem Computer und ist gerade mit ihrem persönlichen Biofeedback beschäftigt. Sie hat ein kleines Meßgerät an ihren Schläfen befestigt, es sitzt genau über den dort verlaufenden Arterien. Deren derzeitiger Durchmesser erscheint nun in Balkenform auf dem Monitor des Computers. Kraft ihres Willens und in äußerster Konzentration versucht Anna nun, »den hellen Balken auf dem Bildschirm zusammenzuschieben«.

Das funktioniert tatsächlich, wenn Anna die kleinen Muskeln an ihren Schläfen fest anspannt. Die dabei an die Arterien gesendeten Energieimpulse werden von Meßsonden registriert, die Annas Schläfen mit dem Computer des Biofeedback-Geräts verbinden. Gelingt es ihr, die Arterien bewußt enger zu stellen, wird der helle Streifen in der Mitte des Bildschirms ebenfalls schmaler: So sieht Anna, wie ihr Körper auf ihren Willen reagiert und ihr ein ganz persönliches »Feedback« gibt.

Allein mit ihrer Muskelanspannung gelingt Anna das zunächst nicht ganz. Erst wenn sie ihre gesamte Vorstellungskraft darauf konzentriert, daß sie im Geiste »mit einem Zug über eine lange Strecke von Eisenbahnschienen dahinrast und durch enge Tunnel fährt«, passiert auch etwas in ihrem Gefäßknotenpunkt im Gehirn: Der helle Streifen auf dem Kontrollmonitor verengt sich plötzlich zu einem schmalen Strich. Ein tolles Erfolgserlebnis!

Der nächste Schritt geht dann weg vom Computer und hin

zum Verhaltenstraining: Auch ohne die »Brücke« des Bildschirms sollen die Patientinnen und Patienten nun versuchen, in ihrem Körper willentlich solche Organreaktionen auszulösen. Dank dieser durch Training gewonnenen Fähigkeit soll es ihnen dann möglich sein, jederzeit – auch im Migräneanfall! – die Verspannung im Kopf bewußt wieder zu lösen.

Letzter Schritt des Verhaltenstrainings: bessere Streßbewältigung im Alltag. Die Kopfweh- und Migräneleidenden sollen erkennen lernen, welche Streßfaktoren ihnen im Leben so zusetzen, daß sie davon Kopfschmerzen bekommen. Schon im Vorfeld eines Schmerzanfalls sollen sie dann ihre neu entwickelten »Körperantennen« nutzen, um den Streß so weit abzubauen, daß sich Muskeln und Gefäße gar nicht erst verkrampfen.

In Deutschland beschäftigen sich erst wenige Forschungseinrichtungen wie zum Beispiel die Universität Kiel mit der Konkordanztherapie. In den USA sind Biofeedback und Entspannungsmethoden zur (Kopf-)Schmerztherapie hingegen schon weiter verbreitet. Dem Mißbrauch ist allerdings Tür und Tor geöffnet, wenn solche Behandlungsmaßnahmen nicht unter sorgfältiger wissenschaftlicher Kontrolle ablaufen. Am schlimmsten wäre es, so Prof. Gerber, wenn Patienten mit chronischen Kopfschmerzen oder Migräne einfach ein beliebiges Biofeedback-Gerät für teures Geld angedreht würde – und man sie mit ihrem Schmerzbewältigungstraining dann allein ließe. Mit anderen Worten: Diese sehr aussichtsreiche Behandlungsweise muß stets unter fachkundiger ärztlicher Anleitung erlernt werden. Als reine Do-it-yourself-Methode steht sie (noch) nicht zur Verfügung.

Selbstentspannungstechniken

Migräneleidende haben – geschult durch schmerzvolle Erfahrungen – oft ein sehr waches Bewußtsein der Prozesse, die in ihrem Körper im Zusammenhang mit der Migräne ablaufen. Oft ist die Aufmerksamkeit jedoch sehr einseitig auf das akute Leiden und alles, was es hervorrufen bzw. lindern kann, ausgerichtet. Die ängstliche Konzentration darauf, sich so zu verhalten, daß der nächste Anfall vermieden wird oder zumindest glimpflich verläuft, engt nicht nur den Lebensradius beträchtlich ein, sie kann unter Umständen auch einen aktiven und genußvollen Umgang mit dem eigenen Körper geradezu blockieren.

Schaffen Sie sich Möglichkeiten, durch Entspannungsübungen, Autogenes Training, Yoga etc. mehr über Ihren Körper zu erfahren und lustvoll mit ihm umzugehen. Denken Sie dabei möglichst nicht immerzu daran, ob diese oder jene Übung »Sinn hat« bzw. Ihre Migräne in den nächsten 14 Tagen heilen wird. Bei überzogenen, kurzfristigen Erwartungen sind Enttäuschungen vorprogrammiert. Bei all diesen Therapien geht es nicht um Ihre Migräne, sondern um *Sie*. Alles, was Sie selbst für sich und gegen Ihre schwachen Stellen tun, wird Ihnen umgekehrt auch beim Kampf gegen Ihr Migräneleiden zugute kommen. Und schließlich soll nicht die Migräne Sie und Ihr Leben beherrschen, sondern Sie Ihre Migräne.

Die folgenden Selbstentspannungsübungen können Ihnen helfen, die Migräne aus Ihrem Körper zu vertreiben.

Atemtherapie

Kopfweh und selbst die schlimmsten Migräneschmerzen bessern sich oft, wenn auch die Atmung verbessert wird. Wer Schmerzen hat, hält oft die Luft an und hofft, daß die Schmerzen dann nachlassen. Das ist jedoch völlig falsch. Wir verkrampfen uns dabei nur unnatürlich, und diese Spannung überträgt sich mit auf die Blutgefäße – auch auf die des Kopfes. Umgekehrt können wir aktiv gegen die Migräne einatmen. Das entspannt und bringt zudem mehr Sauerstoff ins Gehirn. Hier einige einfache Übungen zum Kennenlernen der Methode:

Egal, ob Sie liegen, sitzen oder stehen: Legen Sie die Hände locker auf den Bauch in Höhe des Nabels und spüren Sie Ihren Atembewegungen nach, wie sich der Bauch mit dem ein- und ausgeatmeten Luftstrom hebt und senkt. Zählen Sie nun bei jedem ruhigen Einatmen langsam bis fünf. Lassen Sie den Atem dann ganz ruhig ausfließen, versuchen Sie, beim Mitzählen ebenfalls bis fünf zu kommen. Nun atmen Sie im selben Rhythmus wieder ruhig ein und zählen dabei bis fünf und weiter. Wichtig: Atemtherapeuten weisen darauf hin, daß der Atemfluß *nicht* angehalten werden darf, da sonst das Atmen zu ruckartig und nicht harmonisch fließend erfolgt.

Wo Sie auch sind, im Büro oder zu Hause: Wiederholen Sie die Atemübungen. Sie brauchen dabei gar nicht besonders tief Luft holen oder diese bis zum letzten auszustoßen. Lassen Sie vielmehr die Atmung bewußt in einen ruhigen Rhythmus kommen. Wenn Sie darin geübt sind, können Sie Ihre Atemtechnik auch vor und während eines Migräneanfalls anwenden.

Stellen Sie sich dabei beispielsweise vor, wieviel guter Sauerstoff gerade in Ihre Lungen einströmt. Und wie sich Ihre roten Blutkörperchen mit dem eingeatmeten Sauerstoff auftanken und ihn in jedes Organ weitertransportieren, bis hoch hinauf ins Gehirn – dort, wo Ihre Migräne sitzt. Konzentrieren Sie sich ganz auf die schönen beruhigenden Gefühle während Ihrer Atemübungen. Die Migräne wird spürbar davor zurückweichen.

Eutonie (Wohlspannung)

Am besten, Sie machen es sich auf einer Decke am Boden bequem. Das ist besser, als die folgenden Übungen im Sessel oder im Bett zu absolvieren: Ihr Gehirn verbindet mit Sitzen und Liegen normalerweise andere Tätigkeiten, etwa Lesen, Fernsehen, Schlafen. Es muß daher die neue Erfahrung machen: »Auf einer Decke am Boden liegen bedeutet Umschalten auf Wohlspannung = Eutonie, ganz für mich allein.« Jetzt geht es ausschließlich um Ihre Entspannung und das Loslösen aus der krampfhaften Migränestarre.

Legen Sie sich also auf Ihre Decke und machen Sie zunächst 10- bis 15mal die Atemübungen der ersten Lektion. Konzentrieren Sie sich danach völlig auf Ihren Kopf, insbesondere auf Ihr Gesicht. Die folgenden Übungen dienen der »totalen *An*spannung«, als Wegbereiterin der »totalen *Ent*spannung«.

Ziehen Sie die Augenbrauen bis zum »Anschlag« nach oben. Sie sollen die Anspannung auf der Stirn und an Ihren Augen deutlich spüren und ganz bewußt wahrnehmen. Lassen Sie nun ebenso bewußt die Spannung wieder los und achten Sie auf das, was Sie dabei empfinden, beispielsweise ein Gefühl der Leichtigkeit in diesem Bereich, des Loslassens …

Kneifen Sie nun die Augen fest zu und machen Sie dabei ganz viele Spannungsfalten. Dann lassen Sie Ihre Augen wieder ganz bewußt los, öffnen sie langsam – und spüren, wie sich das anfühlt. Nehmen Sie sowohl die Spannung als auch die Entspannung sehr bewußt wahr.

Gehen Sie nun im folgenden alle Bereiche Ihres Kopfes in gleicher Weise durch: also Nasenflügel zusammenziehen und wieder loslassen, Kiefermuskeln an- und wieder entspannen, Backenzähne aufeinanderbeißen und wieder loslassen, Mund zusammenkneifen und lächelnd entspannen usw.

Sie können von Kopf bis Fuß Ihren ganzen Körper so durcharbeiten: Halsmuskeln anspannen und wieder loslassen, Fäuste ballen und wegdrücken – und wieder loslassen, Bauchmuskeln anspannen – und wieder loslassen, Gesäßmuskeln anspannen – und wieder loslassen, die Beinmuskulatur anspannen – und wieder loslassen, Zehen einkrallen – und wieder lockern. Diese Übungen sind hervorragend geeignet zur Selbstentspannung in allen Lebenslagen – auch bei und gerade während eines Migräneanfalls. Wenn Sie nur intensiv genug üben, vergessen Sie dabei Ihre Migräne sogar oder widmen ihr wenigstens nicht mehr eine so übermäßige Aufmerksamkeit. Das heißt, Ihre Migräne wird endlich auf den Platz verwiesen, der ihr zukommt: nämlich den einer Randerscheinung in Ihrem Leben!

Tagträumen

Legen Sie sich wieder auf Ihre Decke oder bleiben Sie am besten dort, wo Sie schon Ihre Anfangsübungen absolviert haben. Schließen Sie entspannt die Augen, atmen Sie tief ein und aus. Träumen Sie sich jetzt an einen fernen schönen Platz, wo Sie besonders gern sein möchten. Das kann ein Ort sein, wo Sie schon einmal sehr entspannt und glücklich waren – vielleicht am Meer oder in den Bergen. Sehen Sie sich diesen »Film« in Ihrem Phantasiekino ganz genau an. Blicken Sie neugierig umher, atmen Sie die gute Luft dort ein, hören Sie die Geräusche, nehmen Sie auch die typischen Gerüche wahr … Das kann der Geruch von Sonnenöl oder Seetang sein. Oder auch der von gegrilltem Fisch. Oder von Lavendel und Ginster, von Bergwiesen und harzigen Bäumen. Mit der Zeit werden Sie sich dort so wohl fühlen, daß der Schmerz in Ihrem Kopf keine Rolle mehr spielt. Sie werden spüren, daß Ihr Kopf bald nicht mehr so weh tut wie vor diesen Übungen.

Visualisieren

Diese Übung macht besonders viel Spaß, weil Sie dabei viele Spannungen abreagieren können. Stellen Sie sich bildlich vor, Ihr Schmerz sei ein häßliches Ungeheuer, das Sie mit Ihren Atem- und Entspannungsübungen schleunigst aus Ihrem Kopf vertreiben. Lassen Sie alle Bilder zu, die jetzt vor Ihrem inneren Auge aufsteigen. Sehen Sie sich Ihren Feind, den Schmerz, ganz genau an und beobachten Sie, wie er sich bei Ihnen gar nicht mehr wohlfühlt, immer kleiner und häßlicher wird, wie er diesen unwirtlichen Ort flieht und Sie schließlich schmerzlos zurückläßt. Sollte sich Ihr Schmerzungeheuer ganz besonders hartnäckig anstellen, so geben Sie ihm zum Schluß innerlich einen richtigen Fußtritt. Befördern Sie ihn hinaus und weg aus Ihrem schönen, gesunden Körper!

Tonmalerei

Sie können zur Entspannung Ihre Lieblingsmusik hören. Sie sollte allerdings harmonisch und eher »soft« sein – keinesfalls also Disco-, Rock-, Rap- oder andere hart rhythmische und laute Musik. Sie können Ihre Musik aber auch selbst produzieren. Atmen Sie bei geöffnetem Mund aus und lassen Sie den Ton heraus, der Ihnen gerade kommt. Erschrecken Sie nicht darüber, was für Töne Sie vielleicht hervorbringen: Es ist immer Ihr Innerstes, was sich Gehör verschafft. Darum lassen Sie es heraus, machen Sie sich Luft, indem Sie Ihre Töne laut und bewußt herausatmen. Vielleicht müssen Sie dabei sogar lachen oder weinen, das schadet nichts, sondern tut Ihnen nur gut! Wehren Sie sich nicht dagegen. Lassen Sie Ihren Streß ab, indem Sie so laut und auf solche Weise atmen, wie es Ihnen gerade einfällt. Das erleichtert ungeheuer – und läßt gleichzeitig Ihre Migräne buchstäblich ab-klingen!

Den Schmerz wegschauen

Hat Ihr Schmerz immer noch von Ihnen Besitz ergriffen? Macht nichts. Jetzt sind Sie an der Reihe. Öffnen Sie Ihre Augen weit und bewußt, und richten Sie Ihren Blick in die Ferne. Lassen Sie den Schmerz mit Ihrem Blick in die Weite hinausfließen – auf Nimmerwiedersehen. Blicken Sie Ihrem Schmerz noch nach. Abschiednehmen tut in diesem Fall bestimmt nicht weh …

Ein Schmerzbild malen

Je nachdem, was Ihnen besser liegt: Malen Sie ein Bild von Ihren Schmerzen, oder stellen Sie sich vor dem inneren Auge vor, wie Ihre Schmerzen aussehen. Grellrot oder giftig grün? Dumpf und schwarz wühlend oder wie ein farbiger Feuerball? Geben Sie Ihrem Schmerz eine Form und Gestalt, damit Sie Ihren Feind genau ins Auge fassen können. Und dann zerreißen Sie das Bild.

Sie können auch *Autogenes Training* und *Yoga* unter fachkundiger Anleitung erlernen, zum Beispiel in Kursen, die Volkshochschulen veranstalten. Autogenes Training und Yoga vermitteln Ihnen insgesamt einen besseren und entspannteren Zugang zu und Umgang mit Ihrem Körper – nicht nur bei Migräne, sondern in allen besonders angespannten Lebensphasen.

Die besten Selbsthilfetips

Außer den beschriebenen Selbstentspannungsübungen gibt es noch eine ganze Palette erprobter Selbsthilfemethoden gegen Migräne. Sie alle sollten schon bei den allerersten Anzeichen eines bevorstehenden Migräneanfalls angewendet werden, weil es dann oft noch gelingt, ihn zu vertreiben. Aber auch wenn die Schmerzen schon voll da sind, helfen diese Tips und Tricks doch wenigstens, sie zu lindern.

> Wichtig: Es kann sein, daß ein einziger Selbsthilfetip nicht ausreicht, um Ihre akuten Migräneschmerzen zu vertreiben. Dann probieren Sie aus, welche von diesen »Erste-Hilfe-Maßnahmen« gegen Migräne Ihnen am besten helfen. Vertrauen Sie dabei getrost auf Ihre »innere Stimme«: Ihr Körper weiß meist ganz genau, was ihm wann gut tut!

Aromatherapie

Der Duft ätherischer Öle kann das vegetative Nervensystem so günstig beeinflussen, daß selbst bereits ausgebrochene Kopfschmerzen und Migräne sich wieder »verflüchtigen«. Wählen Sie einen Duft aus, der Ihnen besonders angenehm ist. Wirksam bei Migräne sind z.B. aromatische Essenzen aus Rose, Rosmarin, Lavendel, Geranie, Melisse oder Pfefferminze. Auch das berühmte japanische Heilpflanzenöl sowie europäisches Minzöl gehören zu den Duftölen, die Schmerzen vertreiben helfen. Das im Minzöl unter anderem enthaltene Menthol wirkt zugleich kühlend, beruhigend und mild entspannend, das haben neueste wissenschaftliche Studien bestätigt, u.a. an der Universitätsklinik Kiel. Eine ganz ähnliche Wirkung hat der äußerlich angewendete Melissengeist.

Verreiben Sie auf jeder Schläfenseite und auf der Stirn ein bis zwei Tropfen – nicht mehr! – des ätherischen Öls und massieren sie dabei insbesondere die Schmerzpunkte an den Schläfen. Am besten, Sie wenden dabei die *Akupressur* an (siehe unten).

Vorsicht: Das aromatische Öl darf nicht in die Augen geraten, sonst gibt es schmerzhafte Reizungen und Entzündungen. Bei migränebedingter Geruchsüberempfindlichkeit sollten Sie die Aromatherapie besser nicht anwenden!

Akupressur

Akupressur wirkt auf ähnliche Weise wie die Akupunktur, nur ohne Nadeln: Sie setzt einen natürlichen Heilreiz auf Anregungspunkte, die sich auf bestimmten Energiebahnen im Körper (den sogenannten Meridianen) befinden. Sie spüren meist sehr rasch, ob Sie die richtigen Akupressurpunkte erwischt haben: Die sind nämlich deutlich schmerzempfindlicher und druckempfänglicher als die Hautstellen direkt daneben.

Bei Kopfschmerzen und Migräne pressen Sie ein oder zwei Fingerkuppen direkt auf die schmerzende Schläfenseite und bewegen Ihre Fingerkuppen dabei leicht kreisend. Auf diese Weise können Sie z.B. die Öle der *Aromatherapie* einmassieren.

Oder Sie tränken einen Wattebausch mit Gesichtswasser oder verdünntem Kölnischwasser und pressen ihn mit den Fingern fest auf die schmerzende Schläfe. Oder Sie legen sich ins Bett, betten den Kopf auf die schmerzende Seite und schieben den getränkten Wattebausch zwischen Kopf und Kissen.

Sie können zur breitflächigen Akupressur auch *Wärme* und *Kälte* einsetzen: Drücken Sie eine Wärmflasche auf die schmerzende Kopfseite oder betten Sie den Kopf auf die (nicht zu prall gefüllte) Wärmflasche: Der Druck plus die verströmende Wärme lösen Verspannungen. Dieser Tip ist besonders wirksam bei kälte- oder windbedingter Trigeminusneuralgie! Migränekopfschmerzen ziehen sich dagegen rascher zurück, wenn Sie Eiswürfel aus dem Gefrierschrank zerkleinern, in ein Taschentuch wickeln und dieses auf die Schmerzstelle pressen. Notfalls nehmen Sie eine Packung tiefgekühlter Erbsen, wickeln sie in ein Tuch und drücken sie gegen die schmerzende Schläfe (am besten drauflegen und warten, bis der Schmerz vergeht).

Auch aus einem Kopftuch, Schal oder Gürtel können Sie sich eine Kopfbandage machen: einfach fest und ringförmig um den Kopf winden – dabei werden wichtige Akupressurpunkte unter Dauerdruck gesetzt.

Die klassischen Akupressur- und Akupunkturpunkte gegen Kopfschmerzen und Migräne liegen jedoch woanders – nämlich:

- am rechten Rand der Fingernagelbasis der rechten Hand,
- an allen mittleren Fingergelenken (Handrückenseite), auch den Daumen nicht vergessen,
- zwischen Knöchel- und Achillessehne sowie 6 bis 9 cm oberhalb des Innen- bzw. Außenknöchels.

Diese Akupressurpunkte können Sie ebenfalls gut bearbeiten, indem Sie eine Sportbandage (Tape-Verband) darum binden oder notfalls ein Hals- oder Taschentuch. Ob Sie die richtigen

Punkte drücken, merken Sie sofort daran, daß Ihre schmerzende Kopfseite reagiert – und bestenfalls die Migräneschmerzen recht bald nachlassen.

Wärme- und Kälteanwendungen

Sie spüren selbst am besten, ob Sie bei Ihrer Migräne eher Wärme oder eher Kälte vertragen. Beides läßt sich sehr gut mit *Wasseranwendungen* kombinieren.

Wärme: Den Kopf mit Rotlicht bestrahlen (nicht länger als 20 Minuten!). Oder: die Haare mit sehr warmem Wasser waschen und kalt ausspülen. Anschließend mit dem warmen Fön trocknen. Sowohl das Senken des Kopfes unter der Dusche oder im Waschbecken als auch die Temperatur- und Wasserreize können eine Migräne zum Rückzug bewegen! Oder: einen feuchtwarmen Wickel in den Nacken packen, ein Seidentuch um den Hals binden oder sich unter eine wärmende Halogenlampe setzen (Augenabstand wahren: Verbrennungsgefahr!).

> Wichtig: Der Sonne sollten Sie während eines akuten Migräneanfalls besser aus dem Wege gehen. Die meisten Menschen vertragen UV-Licht dann nur schlecht – ihnen wird davon sogar übel. Darum sollten Sie bei Migräne auch das Solarium meiden.

Kälte: Einen Eisbeutel, Kältekompressen oder eine Packung tiefgekühlter Erbsen in den Nacken legen und ein Tuch darüberbinden. Extratip: In Sanitätshäusern gibt es Schläuche, die Sie mit Leitungswasser füllen und anschließend ins Tiefkühlfach legen können. Bei Bedarf kommen sie in einen Mullsack und werden dann wie eine Eiskrawatte um den Hals gebunden. (Der Trick stammt aus HNO-Kliniken, in denen sie zur Kühlung und Hemmung der Blutzufuhr zum Kopf nach HNO-Operationen verwendet werden.) Normale Wärme- und Kältekompressen bekommen Sie in Apotheken und Sanitätshäusern.

Wasseranwendungen

Für Migräneanfällige, die Wärme vertragen: Nehmen Sie bei den allerersten Warnzeichen eines bevorstehenden akuten Migräneanfalls ein *heißes Vollbad* – am besten ein Heublumen- oder Rheumabad (entsprechende Badezusätze gibt´s in Apotheken und Reformhäusern) – in das Sie einige Tropfen eines migränelindernden ätherischen Öls der *Aromatherapie* geben. Wichtig: Setzen Sie sich erst einmal gemütlich in die zu einem Drittel gefüllte Badewanne. Lassen Sie heißes Wasser zulaufen, so gut Sie es vom Kreislauf her vertragen. Nehmen Sie dann einen festen Schwamm, tränken Sie ihn voll Wasser und drücken Sie ihn über dem Nacken aus. Das ganze mehrmals wiederholen. Dann erst lassen Sie sich bis zu den Ohren ins heiße Wasser hineingleiten (der Nacken muß mit Wasser bedeckt sein) und bleiben für ein paar Minuten in dieser Lage. Tauchen Sie wieder hoch, bis Sie spüren, daß Ihnen der Schweiß auf der Kopfhaut ausbricht. Diesen Moment müssen Sie unbedingt abwarten – dann erst ist Ihr Kopf so richtig »durchglüht«! Diese Wasseranwendung ist zwar eine enorme Belastung für den Kreislauf und sollte darum nur von Herz-Kreislauf-Gesunden gewagt werden. Auf diese Weise erreichen Sie aber eine totale Entspannung verkrampfter Nerven und eine zuverlässige Erweiterung der Blutgefäße nach dem migränehaften Verkrampfen.

Ebenfalls wichtig: Duschen Sie sich jetzt kühl bis kalt ab und legen Sie sich dann, in einen warmen Bademantel gehüllt, sofort für eine halbe Stunde ins Bett. Dann erst stehen Sie auf. Ihr Kreislauf hat sich bis dahin stabilisiert, und auch das künstlich herbeigeführte Erweitern und wieder Zusammenziehen der Blutgefäße löst keine Kopfschmerzen mehr aus.

Wenn Sie nicht gerne ein Vollbad nehmen, können Sie einen ähnlichen Effekt auch mit heiß-kalten Duschen erreichen. Ungünstig ist dabei aber, daß Sie stehen und Ihr Kreislauf leicht »in den Keller« sackt.

Schwimmen ist nach meiner persönlichen Erfahrung bei akuten Migräneanfällen weniger günstig. Sie frieren danach leicht und fördern so noch die Migräne. Ob anderer Sport bei Migräne vertragen wird, muß jeder selbst ausprobieren.

Kneippgüsse: Heiße bzw. ansteigende Fußbäder und kalte Armbäder bringen den Kreislauf ebenfalls wieder auf Touren und können manchmal eine Migräne vertreiben. Stellen Sie die Füße in ein Gefäß mit heißem Wasser, in das Sie etwas Meersalz gegeben haben. Machen Sie möglichst zeitgleich mit dem Fußbad auch ein Armbad und tauchen Sie dazu Ihre Unterarme bis über die Ellenbogen in ein Waschbecken oder eine Schüssel mit recht kaltem Wasser. Nach längstens zwei Minuten nehmen Sie die Arme wieder heraus, warten kurz ab und tauchen die Arme dann wieder ins Wasser ein, bis Sie den Kältereiz nicht mehr mögen. Streifen Sie anschließend das Wasser von den Armen, rubbeln Sie sie trocken, trocknen Sie auch die Füße ab und ruhen Sie eine Weile im Bademantel, bis Sie sich wieder richtig gut fühlen.

Auch Tautreten oder Wassertreten hilft, z.B. in der Badewanne, die knöchelhoch mit kühlem Wasser angefüllt ist. Wenn es sich anbietet – z.B. im Urlaub –, können Sie auch entlang einer Meeresküste oder am Flußufer bzw. Bachbett in den flachen

Wellen laufen. Schützen Sie dabei aber unbedingt den schmerzenden Kopf mit einem Hut oder Tuch vor der Sonne.

Bei akuter Migräne empfiehlt sich auch ein *Gesichtsguß:* Sie können ihn anstelle des kalten Armbads anwenden. Die Wirkung ist ebenfalls durchblutungsanregend, schmerzableitend und lindernd.

Beugen Sie sich über die Badewanne und verwenden Sie den Brauseschlauch und -kopf; regulieren Sie den Wasserstrahl so, daß der Druck nicht allzu stark ist (Vorsicht vor Spritzern!). Oder nehmen Sie eine Gießkanne, gefüllt mit frischem klarem Leitungswasser. Oder, wenn Sie die Kosten nicht scheuen, verwenden Sie eine Flasche gekühltes Mineral- oder Trinkwasser für Ihren Migränegesichtsguß über dem Waschbecken.

Gießen Sie, beginnend an der rechten Schläfe, außen am Gesicht entlang übers Kinn, die linke Wange hinauf bis hoch zur Stirn. Leiten Sie dort den Wasserstrahl einige Male über die Stirn hin und her, lassen Sie das Wasser wie einen Mantel übers Gesicht rauschen und umkreisen Sie Ihr Gesicht zum Schluß zwei- oder dreimal. Anschließend sollten Sie das Gesicht gut mit Feuchtigkeitscreme eincremen.

Im Anschluß an die Wärme-/Kälte- bzw. die Wasseranwendungen empfiehlt sich das Trinken einer Tasse schwarzen Tees oder Bohnenkaffees oder spezieller Kräutertees.

Kräutertees

Hervorragende Kräuter für Migränetees sind:

- *Majoran:* 1 Teel. Kraut pro Tasse mit kochendem Wasser überbrühen, abseihen, schluckweise noch möglichst warm trinken (aber nicht mehr als 1 bis 2 Tassen pro Tag!).
- *Schafgarbe:* 1 Teel. Kraut pro Tasse mit kochendem Wasser

überbrühen, 2 bis 5 Minuten ziehen lassen, abseihen und 1 Tasse pro Tag noch sehr heiß trinken.

- *Schlüsselblume* (wirkt sogar bei schweren Migräneanfällen): 1 gehäuften Teel. Blüten pro Tasse mit heißem Wasser überbrühen, $^1/_2$ Minute ziehen lassen, abseihen, 1 bis 2 Tassen schluckweise sehr warm trinken.
- *Schwarze Johannisbeere:* 1 Teel. der im Schatten getrockneten Blätter pro Tasse mit heißem, nicht mehr kochendem Wasser übergießen, 5 Minuten ziehen lassen, ungesüßt schluckweise trinken (bis zu 3 Tassen täglich). Es sollten nur sehr gesunde Blätter des Strauchs verwendet werden!
- *Fieberkraut:* Frische Blätter als Tee aufbrühen oder auch gehackt an den Salat geben. Fieberkraut (botanischer Name: Pyrethrum) ist leider nur selten in der Natur zu finden. Daher gibt es die Wirkstoffe dieser Heilpflanze jetzt auch in Tablettenform in Naturkostläden.
- *Weidenrinde:* Tee nach Gebrauchsanweisung (Apotheke) zubereiten. (Frische Weidenrinde wird gewöhnlich nur von Kräuterfachleuten gesammelt!) Die Weide (Salix alba) enthält natürliche Acetylsalicylsäure; synthetisch hergestellt, ist diese Substanz in manchen Schmerzmitteln (z.B. Aspirin) enthalten. Weidenrindenpräparate wirken schmerzhemmend und blutverdünnend. Schwangere sollten sie wegen der Blutungsgefahr jedoch nicht anwenden – auch nicht bei Migräne!

Wichtig: Alle diese Tees bekommen Sie auch in Apotheken, Reformhäusern und vielen Drogeriemärkten sowie im ökologischen Versandhandel (siehe Alternatives Branchenbuch). Gartenpflanzen sollten nur dann für Heiltees verwendet werden, wenn der Garten nicht in der Nähe einer Hauptverkehrsstraße, einer Mülldeponie oder in der Einflugschneise des Flugverkehrs liegt!

Außer dem Trinken von Migränetee (natürlich immer nur eine bestimmte Sorte, die Ihnen besonders gut bekommt – nicht etwa sämtliche Migränetees nacheinander!) gibt es noch andere Möglichkeiten, den Migräneschmerz zu lindern:

Homöopathie

Einige Mittel aus der breiten Angebotspalette der Homöopathie können Sie in jeder Apotheke kaufen oder bestellen, die eine homöopathische Abteilung hat, zum Beispiel Aconitum D 6, Iris versicolor C 6, Lycoposium C 6, Natrium muriaticum C 6, Pulsatilla C 6, Sanguinaria C 6, Silicea C 6, Spigelia C 6 oder Thuja C 6 bzw. Mulimen-Tropfen oder Phyto-Hypophyson L. oder die folgenden:

- *Nux vomica D 6*, Tropfen oder Globuli, etwa drei Stunden lang jede Viertelstunde laut Anwendungsvorschrift einnehmen, bis die Kopfschmerzen nachlassen,
- *Arnica D 15 plus Veratrum D 4*, zu gleichen Teilen, bei akuten Blutdruckschwankungen oder Schwindelgefühl 10 Tropfen einnehmen,
- *Migräne-Complex-Tropfen*, gut gegen Migräne während der Wechseljahre,
- *Migräne-Gastreu R 16*, Tropfen, helfen gegen Migräne und Scheitelkopfschmerz,
- *Presselin 10 M*, Tropfen, auch bei schwerer Migräne empfehlenswert,
- *Biologische Migränetropfen*, zur Vorbeugung,
- *Föhn- und Wettertropfen*, vor allem gegen Migräne bei Wetterfühligkeit.

Sollten Ihre Migränekopfschmerzen eher neuralgischer Natur sein, also stechende Nervenschmerzen in Richtung Trigeminusneuralgie bzw. Horton-Syndrom, helfen Ihnen vielleicht folgende homöopathische Anwendungen (rezeptfrei in Apotheken):

- *Spasmofuga Vitaplex*, Tropfen, schon beim ersten Unwohlsein dreimal täglich 20 bis 40 Tropfen einnehmen; im akuten Schmerzfall dürfen insgesamt bis zu 100 Tropfen eingenommen werden,
- *Phytolacca Vitaplex forte*, Tropfen, bis zur Besserung stündlich 30 Tropfen nehmen (nach Herstellerangaben keine Gefahr von Nebenwirkungen).

Ernährung

Hier geht es zunächst um ein paar gute Tips für den Magen bei akuter Migräne: Vielleicht hat Ihnen Ihr Arzt oder Ihre Ärztin ein Mittel gegen Migräneübelkeit verordnet. Das sollten Sie jetzt nehmen (am besten spezielle Zäpfchen anwenden, da der Magen in diesem Stadium Medikamente kaum verarbeiten kann, notfalls tun es aber auch Mittel gegen Reiseübelkeit aus der Apotheke wie z.B. ein medizinischer Kaugummi). Anschließend üben Sie bewußt bestimmte Reize auf die Magennerven aus und stimulieren so Ihren Kreislauf: Wenn Sie das Gefühl haben, daß Sie Ihren Magen *beruhigen* müssen, können Sie das mit ungewürztem (Bio-)Tomatensaft versuchen: 2 bis 3 Gläser voll auf den sonst ungefüllten Magen trinken. Rechtzeitig angewendet, läßt sich mit diesem Trick eine Migräne im Anfangsstadium manchmal noch verscheuchen.

Haben Sie aber den Eindruck, daß Ihr Magen eher *ermuntert* werden sollte, dann »wecken« Sie ihn mit heißer, salziger Brühe. Oder Sie nehmen jetzt erst einmal Magnesium in Form von Brausetabletten (Apotheke) ein (siehe hierzu auch S. 143). Nach einer kleinen Pause – Sie merken schon, ob es

Ihrem Magen bereits etwas besser geht und ob er Nahrung behält – etwas scharf Gewürztes essen. Mir persönlich hilft dann sehr oft ein Stück Graubrot, auf dem Toaster kurz von beiden Seiten leicht getrocknet (jedoch nicht geröstet), mit Salz, Pfeffer und ein paar Tropfen Tabasco gewürzt. Dieser Tip wird Ärztinnen und Ärzten sicher nicht sehr gefallen, und er verbietet sich auch für Patienten mit empfindlicher Magen- und Darmschleimhaut. Daher nur unter Vorbehalt zu empfehlen!

Einen ähnlichen Reizeffekt erreichen Sie auch, indem Sie ein winziges Stück Chilischote kauen und eine Weile im Mund behalten, damit die Mundschleimhaut die anregenden Wirkstoffe aufnehmen kann. Das Wirkprinzip ist einfach zu erklären: Salz und Magnesium gleichen den gestörten Mineralstoffhaushalt vorübergehend wieder aus. Gleichzeitig steigt der Blutdruck an (gut für Hypotoniker), und die Verdauung wird angeregt. Die Magennerven produzieren mehr Magensaft. Außerdem reizt Schärfe, die auf die Mund- und Rachenschleimhaut einwirkt, die feinen Endigungen des schmerzleitenden Trigeminusnervs im Rachen. Auf diese Weise kann mit etwas Glück eine Umstimmung des Schmerzreflexes bei Migräne erreicht werden. Doch Vorsicht: Dieser Trick kann auch das Gegenteil bewirken und einen eventuell bereits gereizten Trigeminusnerv erst richtig »böse« machen und die Migräne nur noch verschlimmern. Sie sollten daher selbst ausprobieren, ob Ihnen dieser Selbsthilfetip auch wirklich zusagt und guttut.

Wenn Sie spüren, welch starke Auswirkungen das, was Sie essen (oder was Sie gerade nicht vertragen), auf Ihre Migräne hat, wird Ihnen gewiß auch klar, wie wichtig überhaupt die gesamte Ernährungsweise für Migräneanfällige ist. Eine ausgewogene, vollwertige Ernährung beseitigt Verdauungsprobleme (Sie brauchen keine »Altlasten« mehr im Darm zu tragen), regt den Stoffwechsel an, hilft dem Körper, sich von Giftstoffen zu entschlacken, und stärkt zudem Ihre körpereigenen Abwehrkräfte. Denken Sie also auch hier positiv: Nicht das *Vermeiden* von etwaigen schädlichen Nahrungsmitteln ist das A und O gesunder Ernährung, sondern der *lustvolle Genuß* von Gesundem und Bekömmlichem! Wenn Sie sich insgesamt wohler in Ihrer Haut fühlen – wozu die gesunde Ernährung nachhaltig beitragen kann –, bieten Sie nicht nur Ihrer Migräne weniger Angriffsflächen. Ihr Körper kann dann auch im akuten Schmerzfall prompter auf Ihre Selbstbehandlung reagieren. (Mehr über Ernährung siehe ab S. 90.)

Bewegung/Sport

Regelmäßige körperliche Bewegung nützt der Gesundheit und dem Wohlbefinden in vieler Hinsicht: Kreislauf und Stoffwechsel werden angeregt, außerdem macht Fitness Spaß und ist daher auch gut für die Seele. Insgesamt werden Körper und Psyche widerstandsfähiger gegen Krankheiten aller Art – auch gegen Migräne. Dennoch ist Sport oder überhaupt die regelmäßige körperliche Betätigung ein Problem für viele Migräneleidende: Sie verkriechen sich oft am liebsten im stillen Kämmerlein und trauen ihrem Körper überhaupt nichts mehr zu – vor lauter Angst, daß ihnen körperliche Anstrengung einen neuen Migräneanfall bereiten könnte. Diesen Teufelskreis gilt es zu durchbrechen: Wagen Sie sich also ruhig heraus aus Ihrer Schmerzangst und lernen Sie Ihren Körper wieder neu kennen – er »kann« meist mehr, als Sie ihm vor lauter Sorge vielleicht (noch) zutrauen. Natürlich sollen Sie nicht vor oder während eines akuten Migräneanfalls heftig dagegen ansporteln. Aber leichte, regelmäßige Bewegung, am besten in frischer Luft, schöner Umgebung und/oder in netter

Gesellschaft läßt Sie Ihren Körper – endlich – wieder lustvoll erleben. So gewinnen Sie mit der Zeit wieder mehr Zutrauen in Ihre eigenen Kräfte. Gut eignen sich alle Sportarten, die nicht auf Leistungssport hinauslaufen: also Gymnastik, Schwimmen, Wandern, Radfahren, Joggen oder auch nur Spazierengehen. Die Hauptsache ist, Sie tun regelmäßig etwas für Ihren Körper und bringen ihn auf diese Weise auch ganz allmählich wieder in einen gesunden Rhythmus: der nämlich nicht von Ihrer Migräne bzw. Ihren Schmerzanfällen dominiert wird, sondern von Ihrem eigenen Ich.

Anhang

Quellenangaben

Migräne – ein altbekanntes Leiden

1 Migraine: Office of Health Economics Nr. 41, London, June 1972, S. 5.
2 ebd.
3 ebd.
4 ebd.
5 ebd. und Etymologisches Lexikon, Duden, Das Herkunftswörterbuch, Mannheim/Wien/Zürich 1989, S. 457.
6 Sonderheft zum Thema Kopfschmerzen und Migräne, Bundesverband Deutsche Schmerzhilfe e.V., S. 2.
7 Saper, Joel R., Präsident der Amerikanischen Gesellschaft für das Studium von Kopfschmerzen, 5. Internationaler Kopfschmerzkongreß, Washington, 1990, dpa.
8 2. Konferenz der Europäischen Kopfschmerz-Föderation, 15.-18.6.1994, Liège/Belgien.
9 Brüggenjürgen, Bernd: Lebensqualität und volkswirtschaftliche Kosten der Migräne in Deutschland, Asgard-Verlag, St. Augustin, 1994; Deutscher Schmerzkongreß 95, 4.-8.10.1995, Heidelberg; 2. Hamburger Forschungsgespräche der Glaxo Wellcome GmbH, 29.8.1995.
10 Glaxo Wellcome Pressedienst 1, 31.1.1996.
11 Pfaffenrath, Volker, München, Pressekonferenz anläßlich der 1. Internationalen Tagung der Europäischen Kopfschmerz-Föderation, Bremen, 26.6.1992.
12 ebd.
13 ebd.
14 Diener, Hans-Christoph, Essen, 4. Kongreß und 11. Jahrestagung der Deutschen Migräne- und Kopfschmerzgesellschaft, Fulda; Medical Tribune Nr. 13, 27.3.1992, S. 12.

Was Migräne im Leben bedeutet

1 Pfaffenrath, Volker, Referat anläßlich des Pressevorgesprächs, 23.6.1992, Hamburg, 1. Internationale Tagung der Europäischen Kopfschmerz-Gesellschaft, Bremen, Juni 1992.

2 Lidell, Jo: Understanding Migraine, Vortrag vor der British Migraine Association, London, September 1990.
3 Borsalino, Christa/Minker, Margaret: »Kopfschmerzen und Migräne«, in: Handbuch Frau, Bd. 2, Frauenbuchverlag, München 1990, S. 22.

Wie Sie Migräne von anderen Kopfschmerzen unterscheiden können

1 Informationen Bundesverband Deutsche Schmerzhilfe e.V., Hamburg, sowie Presseinformationen anläßlich der Internationalen Tagung der European Headache Federation, 23.-27.6.1992, Hamburg/Bremen.

So macht sich eine Migräneattacke bemerkbar

1 Borsalino, Christa/Minker, Margaret: »Kopfschmerzen und Migräne«, Handbuch Frau, Bd. 2, Frauenbuchverlag, München 1990, S. 22ff.

So erklärt die Medizin heute den Migräneanfall

1 Weiller, C., Abteilung für Neurologie, Universitätsklinik Essen, et al.: Nature Medicine, Vol. 1, Nr. 7 (1995), S. 658-660.
2 Internationaler Kopfschmerz- und Migräne-Kongreß, Universität Münster, 8.-11.3.1992; 1. Internationale Tagung der Europäischen Kopfschmerz-Föderation, Hamburg/Bremen, 23.-27.6.1992.
3 und 4 Gerber, Wolf-Dieter, Institut für medizinische Psychologie, Klinikum der Universität Kiel: Migräne – mehr als ein Kopfschmerz. Informationen zum Krankheitsbild, Vortrag, Hamburg, 22.6.1994; »Migräne – den Anfall vermeiden: Vom richtigen Umgang mit Migräne«, Pressegespräch, Hamburg, 22.6.1994.

Welche Faktoren die Migräneneigung fördern können

1 4. Kongreß und 11. Jahrestagung der Deutschen Migräne- und Kopfschmerzgesellschaft, Fulda, 1991; 1. Internationale Tagung der Europäischen Kopfschmerz-Föderation, Hamburg/Bremen, 23.-27.6.1992.
2 »Die Erforschung des menschlichen Genoms«, Presseseminar Deutsches Krebsforschungszentrum Heidelberg, 12.-14.6.1995; International Human-Genom-Meeting, Deutsches Krebsforschungszentrum Heidelberg, 21.-24.3.1996; »Das Buch des Lebens in neuronalen Netzen gefangen«, Presseinformation Deutsches Krebsforschungszentrum

Heidelberg, Nr. 31, 1995; Bekanntmachung über ein Forschungs- und Förderkonzept »Human-Genomforschung«, Deutsches Krebsforschungszentrum Heidelberg 1995; Forschungs- und Förderkonzept »Bausteine der molekularen Medizin – Human-Genomforschung«, Bundesministerium für Bildung, Wissenschaft und Forschung, 1995; »Gentechnik – Hilfe vom Rechner«, Der Spiegel Nr. 41, 1995; 4. Symposium für Gen-Therapie, 18.-20.4.1996, Max-Delbrück-Centrum für Molekulare Medizin (MDC), Berlin-Buch.
3 Diener, Hans-Christoph: Migräne, VCH Verlagsgesellschaft, Weinheim 1987, S. 11.
4 Borsalino, Christa/Minker, Margaret: »Kopfschmerzen und Migräne«, Handbuch Frau, Bd. 2, Frauenbuchverlag, München 1990, S. 11.
5 Informationen Bundesverband Deutsche Schmerzhilfe e.V., Hamburg.
6 Brigitte-Dossier: Die Hölle im Kopf, Brigitte Nr. 5, 1991, S. 102.
7 ebd.
8 Schäfer, Michael L.: Migräne und Persönlichkeit, Enke Verlag, Stuttgart 1991, S. 5.
9 ebd., S. 6.
10 Schäfer, Michael L.: Migräne und Persönlichkeit, zitiert nach Melitta Sperling in: Psychoanalytical Review 29 (1952), S. 152-163 und in: International Journal of Psychoanalysis 45 (1964), S. 549-552.
11 dpa-Meldung, 8.8.1993.
12 Schäfer, Michael L.: Migräne und Persönlichkeit, Enke Verlag, Stuttgart 1991.
13 ebd., S. 120.
14 Köhler, Thomas et al., Psychologisches Institut III der Universität Hamburg, in: Psychotherapie, Psychosomatische Medizin, Psychologie 41 (1991), S. 134-137.
15 Medical Tribune Nr. 25, 21.6.1991, S. 5.
16 Dethlefsen, Thorwald/Dahlke, Rüdiger: Krankheit als Weg, Goldmann Verlag, München 1990, S. 216-224.
17 ebd.
18 Reichelt, Monika: Die verletzte Seele, Heyne Verlag, München 1991, S. 121.
19 Schäfer, Michael L.: Migräne und Persönlichkeit, Enke Verlag, Stuttgart 1991, S. 122.
20 zitiert nach Cosmopolitan Nr. 3, 1992, S. 156.
21 Scholz, Renate/Minker Margaret: Brigitte Lexikon. Die Frau – Körper, Seele, Gesundheit, Brigitte-Buch im Mosaik Verlag, München 1982.
22 Informationen Bundesverband Deutsche Schmerzhilfe e.V., Hamburg.
23 zitiert nach Lüth, Paul: Das Krankheitenbuch, Rowohlt Taschenbuch Verlag, Reinbek 1981, S. 287 ff.

24 zitiert nach Blume, Angelika: Das prämenstruelle Syndrom. Rowohlt Taschenbuch Verlag, Reinbek 1986, S. 76ff.
25 zitiert nach ebd.
26 Bepko, Claudio/Krestan, Jo Ann: Das Superfrauen-Syndrom, übersetzt von Gabriele Herbst, S. Fischer Verlag, Frankfurt/Main 1991.
27 Berry, Carmen R.: Die Erlöser-Falle, übersetzt von Angela Roethe, Kösel Verlag, München 1990, S. 60ff.
28 Hering, R. et al., Princess Margaret Migraine Clinic, Charing Cross Hospital, London; The Lancet, Vol. 339, Nr. 8784, 1992, S. 67.
29 Taubert, Hans-Dieter/Kuhl, Herbert: Kontrazeption mit Hormonen, Georg Thieme Verlag, Stuttgart 1981, S. 103ff. Bäker, Bernard: Migräne und Kopfschmerzen sind heilbar, Ehrenwirth Verlag, München, 1. Auflage 1978, S. 50 ff.
30 Bäker, Bernard: Migräne und Kopfschmerzen sind heilbar, S. 51.
31 Minker, Margaret: Die kritischen Tage davor, Wort & Bild Verlag, Baierbrunn 1990; Blume, Angelika: Das prämenstruelle Syndrom, Rowohlt Taschenbuch Verlag, Reinbek 1986; Harrisson, Michelle: Das Prämenstruelle Syndrom, Selbsthilfe-Handbuch, München 1985; Blume, Angelika/Schneider, Sylvia: Die Regel, Brigitte-Buch im Mosaik Verlag, München 1983.
32 Diener, Hans-Christoph: Migräne. Hinweise und Ratschläge für Patienten, VCH Verlagsgesellschaft, Weinheim 1987, S. 19.
33 Taubert, Hans-Dieter/Kuhl, Herbert: Kontrazeption mit Hormonen, S. 293.
34 ebd.
35 Pressekonferenz Organon GmbH, München/inKom, Neuss, zur Markteinführung von »Lovelle«, London, Mai 1992.
36 Schneider, Sylvia: Wechseljahre. Die andere Fruchtbarkeit, Brigitte-Buch im Mosaik Verlag, München 1987, aktualisierte Neuauflage und Bertelsmann-Buchclub-Ausgabe: Wechseljahre. Das Handbuch zur Lebensmitte der Frau, 1991; Minker, Margaret: Hormone und Psyche. Frauen im Wechselbad der Gefühle. Deutscher Taschenbuch Verlag, München 1996; Cadura-Saf, Dorit: Das unsichtbare Geschlecht. Frauen, Wechseljahre, Älterwerden, Rowohlt Verlag, Reinbek 1986.
37 Minker, Margaret: Hormone und Psyche, S. 183 f.
38 Taubert, Hans-Dieter/Kuhl, Herbert: Kontrazeption mit Hormonen, S. 102 ff.
39 ebd.
40 Scholz, Renate/Minker, Margaret: Brigitte Lexikon. Die Frau – Körper, Seele, Gesundheit, Brigitte-Buch im Mosaik Verlag, München 1982, S. 239.
41 Scholz, Renate/Minker, Margaret: Brigitte Lexikon. Die Frau, S. 240.
42 Miketta, Gaby: Netzwerk Mensch. Psychoneuroimmunologie: Den

Verbindungen von Körper und Seele auf der Spur, TRIAS-Thieme, Hippokrates, Enke Verlag, Stuttgart 1991, S. 49 ff.
43 Minker, Margaret: Hormone und Psyche, S. 11.
44 Silbert, P.L. et al., Royal Perth Hospital, Perth, Australia: Journal of Neurology, Neurosurgery and Psychiatry, Vol. 54 (1991), S. 417-421.
45 Dethlefsen, Thorwald/Dahlke, Rüdiger: Krankheit als Weg, Goldmann Verlag, München 1990.
46 Leserbrief von Dr. Hartmut Sauer, München, an Medical Tribune Nr. 19, 8.5.1992, S. 38f.
47 Bäker, Bernard: Migräne und Kopfschmerzen sind heilbar, Ehrenwirth Verlag, München, 1. Auflage 1978, S. 51 ff.
48 Tannen, Deborah: Du kannst mich einfach nicht verstehen. Warum Männer und Frauen aneinander vorbeireden, Kabel Verlag, Hamburg 1991.
49 Kuiper, Piet C.: Seelenfinsternis. Die Depression eines Psychiaters, S. Fischer Verlag, Frankfurt am Main 1991. Drei Jahre lang litt der bekannte holländische Psychiatrie-Professor Dr. Piet C. Kuiper an einer psychotischen Depression. Tot bei lebendigem Leib, so fühlte er sich, bis es ihm dank geeigneter Behandlungsmaßnahmen, die er als Arzt – Ironie des Schicksals – bisher stets verteufelt hatte, langsam wieder besser ging und mit Hilfe seines wiedererlangten Interesses an der Malerei auch ein drohender Rückfall abgewendet werden konnte. Die Ärztezeitung Medical Tribune stellte dieses Buch, das für das Verstehen von psychotischen Patienten höchst aufschlußreich ist, in Heft Nr. 19 vom 8. Mai 1992 auf S. 48 vor. Zum Thema Streß siehe auch: Minker, Margaret: Hormone und Psyche. Frauen im Wechselbad der Gefühle, Deutscher Taschenbuch Verlag, München 1996, S. 12 ff.
50 Bäker, Bernard: Migräne und Kopfschmerzen sind heilbar, S. 60.
51 Biener, Karl, Institut für Sozial- und Präventivmedizin der Universität Zürich: »Studie: Streß im Leben der Frau«, in: Gynäkologie, Band 24, Heft 5, 1991, S. 252-255 und in: Medical Tribune Nr. 7, 14.2.1991, S. 68.
52 Blau, J. N.: Journal of the Royal Society of Medicine.
53 Miketta, Gaby: Netzwerk Mensch. Psychoneuroimmunologie: Den Verbindungen von Körper und Seele auf der Spur, TRIAS-Thieme, Hippokrates, Enke Verlag, Stuttgart 1991, S. 63-67.
54 Brigitte-Dossier: Die Hölle im Kopf, Brigitte Nr. 5, 1991, S. 102 f.
55 Diener, Hans-Christoph: Migräne. Hinweise und Ratschläge für Patienten. VCH Verlagsgesellschaft, Weinheim 1987, S. 21.
56 Bäker, Bernard: Migräne und Kopfschmerzen sind heilbar, S. 47ff.
57 Die besseren Pillen. Gesundheit durch natürliche Medikamente und Heilmethoden, Mosaik Verlag, München 1985, S. 121.
58 Bäker, Bernard: Migräne und Kopfschmerzen sind heilbar, S. 47.

59 Ein bioklimatisches Wohngutachten kann gegen Gebühren (über 100 DM!) angefordert werden beim Deutschen Wetterdienst, Wetteramt Essen, Wallneyer Str. 10, 45133 Essen.
60 Medical Tribune Nr. 51/52, 20.12.1991, S. 34.
61 Medical Tribune Nr. 4, 24.1.1992, S. 29.
62 Interview: Dr. Volker Pfaffenrath, München, mit Barbara Schmidt in freundin 1990.
63 ebd.
64 Poschet, Jutta/Juchheim, Jürgen K.: Immun-Diät. Mit großer 4-Tage-Rotations-Übersichtstabelle, BLV Verlagsgesellschaft, München, Wien, Zürich 1991.
65 Minker, Margaret/Scholz, Renate: Das große Buch der Naturheilweisen. Vorbeugen, helfen, heilen, Brigittc-Buch im Mosaik Verlag, München, Bertelsmann-Buchclub-Ausgabe, 1992, S. 63ff.
66 8th Migraine Trust International Symposium, London, 26.9.1990.
67 Informationen Bundesverband Deutsche Schmerzhilfe e.V., Hamburg.
68 ZDF, Gesundheitsmagazin Praxis, 1. April 1992.
69 Buring, Julie E., Divisions of Preventive Medicine, Brigham and Women´s Hospital, Harvard Medical School, Boston, et al.: Archives of Neurology, Vol. 52 (1995), S. 129-134.
70 Medical Tribune Nr. 45, 12.11.1993, S. 3.
71 Barolin, G.S., Ludwig-Boltzmann-Institut für Neuro-Rehabilitation und -Prophylaxe an der Neurologischen Abteilung des Vorarlberger Landes-Nervenkrankenhauses Valduna, Österreich: »Schlaganfallrisiko durch Migräne: Eher geringer als erhöht«, in: Medical Tribune Nr. 3, 21.1.1994, S. 19.
72 Medical Tribune Nr. 6, 9.2.1990, S. 16f.
73 Minker, Margaret/Scholz, Renate: Das große Buch der Naturheilweisen. Vorbeugen, helfen, heilen.
Ginkgo-biloba- sowie Rutin-Präparate sind auf ärztliches Rezept bisher uneingeschränkt verschreibungsfähig. Bis zur Drucklegung dieses Buchs standen sie auch nicht auf der sogenannten Negativliste der Krankenkassen für Arzneimittel, die Kassen kamen bis dahin also für die Kosten dieser Medikamente auf. Die Naturheilmittel sind jedoch auch rezeptfrei in Apotheken erhältlich.
74 Bäker, Bernard: Migräne und Kopfschmerzen sind heilbar. Ehrenwirth Verlag, München, 1. Auflage 1978, S. 28 ff.
75 Minker, Margaret/Scholz, Renate: Das große Buch der Naturheilweisen. Vorbeugen, helfen, heilen, S. 54 ff.
76 Moskowitz, Michael A., Massachusetts General Hospital, Harvard Medical School, Boston/USA:Neurologic Clinics, Vol. 8, No. 4, Nov. 1990, S. 812.
77 Informationen Bundesverband Deutsche Schmerzhilfe e.V., Hamburg.

78 ebd.
79 Sichrovsky, Peter: Krankheit auf Rezept. Die Praktiken der Praxisärzte, Verlag Kiepenheuer & Witsch, Köln, 1. Auflage 1984, S. 267.
80 1. Internationale Konferenz der Europäischen Kopfschmerz-Föderation, Hamburg/Bremen, 23.-27.6.1992.
81 Sichrovsky, Peter: Krankheit auf Rezept, S. 56ff.
82 Langbein, Lisa/Trappl, Erika: Kopfweh. Was tun bei Kopfschmerz und Migräne? Verlag Kiepenheuer & Witsch, 1. Auflage 1986, Neuauflage 1991, S. 51 ff.
83 Mitteilung entnommen aus persönlichem Briefwechsel von Margaret Minker mit dem New Yorker Neurologen und Buchautor Dr. Oliver Sacks.
84 Langbein, Lisa/Trappl, Erika: Kopfweh. Was tun bei Kopfschmerz und Migräne?

»Bauchweh« im Kopf: Migräne bei Kindern

1 Brigitte-Dossier: Die Hölle im Kopf, Brigitte Nr. 5, 1991, S. 113f.
2 aus Jama, in: Hamburger Abendblatt, 8.4.1992.
3 ebd.
4 Berliner Morgenpost, 10.1.1992, S. 28.
5 Medical Tribune Nr. 3, 21.1.1994, S. 7.
6 11. Jahrestagung der Deutschen Migräne- und Kopfschmerzgesellschaft, Fulda, 1991; Brigitte-Dossier: Die Hölle im Kopf.

Medikamente gegen Migräne: Nutzen und Risiken

Informationen Bundesverband Deutsche Schmerzhilfe e.V., Hamburg; Brigitte-Dossier: Die Hölle im Kopf, Brigitte Nr. 5, 1991; Langbein, Lisa/Trappl, Erika: Kopfweh. Was tun bei Kopfschmerz und Migräne?; 1. Internationales Sumatriptan Symposium, Paris, 14.-15.3.1992; Presseinformationen Glaxo-Forschung, Hamburg; Medical Tribune Nr. 11, 13.3.1992, S. 72; Medical Tribune Nr. 16, 16.4.1992, S. 2.

Biofeedback und Verhaltenstherapie: Die neue Konkordanzbehandlung

1 1. Internationale Konferenz der Europäischen Kopfschmerz-Föderation, Hamburg/Bremen, 23.-27.6.1992.
2 Brigitte-Dossier: Die Hölle im Kopf, Brigitte Nr. 5, 1991, S. 108 f.

Übrige Kapitel
Eigene Recherchen der Autorin.

Literaturverzeichnis

Die Literaturliste enthält empfehlenswerte Bücher zum Weiterlesen, die u.a. als Literaturquellen genutzt wurden. Für die vergriffenen Titel wird auf Büchereien verwiesen.

Böhmig, Ulf: Hilf dir selbst. Kopfschmerzen und Migräne alternativ heilen, Droemer Knaur, München 1993 (vergriffen).

Brüggenjürgen, Bernd: Lebensqualität und volkswirtschaftliche Kosten der Migräne in Deutschland, Asgard-Verlag, St. Augustin 1994.

Diener, Hans-Christoph/Brauer, Klaus G.: Kopfschmerzen, Migräne – was tun? Medpharm GmbH, Stuttgart 1994.

Diener, Hans-Christoph: Migräne. Informationen und Ratschläge, Piper, München, Neuausgabe 1993.

Füller, Ingrid: Kopfschmerzen, Migräne. Stiftung Warentest, Berlin 1993.

Langbein, Lisa/Trappl, Erika: Kopfweh. Was tun bei Kopfschmerz und Migräne? Kiepenheuer & Witsch, Köln, Neuauflage 1991 (vergriffen).

Lange-Ernst, Maria-Elisabeth: Essen – mit Lust auf Gesundheit. Das neue Ernährungskonzept, Verlag Peter Erd, München 1994.

Lockie, Andrew/Geddes, Nicola: Frauen-Handbuch Homöopathie. Aus dem Englischen übersetzt und für die deutsche Ausgabe bearbeitet von Margaret Minker, Verlag Zabert Sandmann, München, 2. Auflage 1995.

Miketta, Gaby: Netzwerk Mensch. Psychoneuroimmunologie: Den Verbindungen von Körper und Seele auf der Spur, TRIAS-Thieme, Hippokrates, Enke Verlag, Stuttgart, 2. durchgesehene Auflage 1993. Auch bei Rowohlt Verlag, Reinbek bei Hamburg 1994.

Kästner, Helga: Wechseljahre als Chance, Deutscher Taschenbuch Verlag, München 1995.

Leibold, Gerhard/Scheiner, Hans-Christoph: Bewährte Naturheilverfahren bei Migräne und Schlafstörungen, Falken-Verlag, Niedernhausen 1990.

Minker, Margaret/Scholz, Renate: Das große Buch der Naturheilweisen. Vorbeugen, helfen, heilen, Brigitte-Buch bei Goldmann, München 1994.

Minker, Margaret: Naturheilkunde. Das Handbuch für Frauen. Verfahren, Beschwerden und Beratung von A bis Z, Deutscher Taschenbuch Verlag, München, 2. Auflage 1996.

Minker, Margaret: Hormone und Psyche. Frauen im Wechselbad der Gefühle. Deutscher Taschenbuch Verlag, München 1996.

Pfaffenrath, Volker/Gerber, Wolf-Dieter: Chronischer Kopfschmerz, Kohlhammer Verlag, Stuttgart 1991.

Pothmann, Raymund (Hrsg.): Chronische Schmerzen im Kindesalter, Hippokrates Verlag, Stuttgart 1991.

Rosival, Vera: Migräne natürlich behandeln. Gräfe und Unzer, München, 5. Auflage 1995.

Sacks, Oliver: Migräne, Rowohlt Verlag, Reinbek bei Hamburg 1996.

Schäfer, Michael L.: Migräne und Persönlichkeit. Das Konzept des Typus migraenicus als empirischer Beitrag zur psychiatrischen Persönlichkeitsforschung, Enke Verlag, Stuttgart 1991.

Soyka, Dieter: Kopfschmerz und Migräne, G. Fischer Verlag, Stuttgart 1993.

Adressen

Adressen von Schmerzambulanzen und von Schmerztherapeuten in Ihrer Nähe nennen auch die örtlichen Ärztekammern. Bei Anfragen Rückporto beifügen!

Bundesverband
Deutsche Schmerzhilfe e.V.
Woldsenweg 3
20249 Hamburg

Deutsche Migräne- und
Kopfschmerzgesellschaft
Generalsekretariat
Prof. G. Haag
Elztal-Klinik
Pfauenstr. 6
79215 Elzach-Oberprechtal

Deutsche Gesellschaft
zum Studium des Schmerzes
Prof. M. Zimmermann
Im Neuenheimer Feld 326
69120 Heidelberg

Schmerztherapeutisches
Kolloquium e.V.
Hainstr. 2
61476 Kronberg/Ts.

Gesellschaft zur
Förderung der
Migräneforschung
Postfach
55288 Schornsheim

Adressen von schmerztherapeutischen Einrichtungen in den neuen Bundesländern erhalten sie unter folgender Anschrift:

MR Dr. med. Bernd Wiedemann
Städt. Kliniken St. Georg
Klinik für Anästhesiologie
Delitzscher Str. 141
04129 Leipzig

Speziell Migränekranke behandeln die folgenden Kliniken mit psychosomatischen Abteilungen:

Titisee-Klinik
Hauptstr. 16
79822 Titisee-Neustadt

Klinik für Migräne und Kopfschmerzen
Postfach 33/11 25
61451 Königstein/Ts.

Psychosomatische Klinik
Abteilung Kopfschmerz/Migräne
Schützenstr. 16
86949 Windach

Das Migränetagebuch (auch für Kinder) können Sie von Ihrem Arzt/Ihrer Ärztin bekommen oder direkt bestellen beim:

Bundesverband
Deutsche Schmerzhilfe e.V.
Woldsenweg 3
20249 Hamburg
(Unkostenbeitrag: Schutzgebühr plus Porto DM 6,– Überweisung auf das Konto Nr. 1234123667 bei der Hamburger Sparkasse, BLZ 20050550

Gesundheitstelefon zum Thema Migräne:
Tel. 0190/21 20 45
(Kosten: DM 0,23 pro 12 Sekunden)

Die
Pille
UND WIE SIE DIE WELT VERÄNDERTE
Bernard Asbell
KUNSTMANN